目次

●本書の使い方

①この問題集は，実教出版の教科書　　　　　　　　　ています。

②穴埋め形式の**要点整理**で知識を定着させ たら，　　　　　　　　問題にチャレンジしましょう。

③要点整理には，一定のまとまりごとに**チェックボックス**をつけました。よくできた場合は，一番上のチェックボックス(☺)にチェックしましょう。できた場合は真ん中(☺)，あとでもう一度解きたい場合は，一番下のチェックボックス(☹)にチェックをつけましょう。全てのチェックボックスが笑顔になるまでくり返し解きましょう。

④Step問題は難易度の高い問題に💡，記述問題に✏をつけました。記述問題は**解答のポイント**を別冊解答・解説に掲載しています。自分自身の解答がポイントをおさえられているかを確認しましょう。

⑤各章末に，教科書の内容に関連した実習課題である**探究問題**と**重要用語の確認**を掲載しています。探究問題も積極的に取り組み，ほかの人と意見交換などを行ってみましょう。

⑥よりよい学習を実践できるように**目標設定＆振り返りシート**(▶p.96)を活用してください。

1節 私たちの生活と商品

教科書 p.8〜18

● 要点整理

正答数 ／54問

教科書の内容についてまとめた次の文章の（　　）にあてはまる語句を書きなさい。

1 交換と流通の始まり

教科書 p.8〜9

Check!

大昔の人々は自らが必要なものを，自ら作り出す（①　　　　　　　）の生活を送っていた。その後生産力が向上し，（②　　　　　　　）が生まれると（③　　　　　　　）によって，得意ではないものは交換によって入手するようになった。（③）を円滑なものとするために，ものの流れである（④　　　　　　　）が始まり，その後（⑤　　　　　　　）が用いられた。

2 市場の形成と商品の売買

教科書 p.9

Check!

貨幣が普及し，交換が一般的になってくると（⑥　　　　　　　）が形成されるようになった。ここでは交換対象だったものは売買対象として（⑦　　　　　　　）と呼ばれるようになり，交換を実施する人は売り手と買い手となった。

今日，企業は（⑧　　　　　　　）として商品を提供し，私たちは（⑨　　　　　　　）として商品を入手している。商品がもたらす（⑩　　　　　　　）によって私たちの生活は豊かなものとなり，企業はその対価から（⑪　　　　　　　）を得ているのである。

3 商品の捉え方

教科書 p.10〜11

Check!

私たちが得ている（⑩）は商品によってもたらされる。商品の捉え方には二つの考え方があり，商品を単なるモノつまり（⑫　　　　　　　）として考える方法と，人々の問題を解決する（⑬　　　　　　　）として捉える方法がある。（⑬）を考えることで，商品が買い手に何をもたらすのかというプラス面が明らかになる。

商品は，（⑬）を中核部分とし，パッケージ，品質，ブランドなど（⑭　　　　　　　）によって人々の目に触れ，保証や配達，信用供与などの（⑮　　　　　　　）も含めて商品として成り立っているのである。

今日では，携帯電話，自動車など，手で触れて目で見ることのできる（⑯　　　　　　　）に限定せず，ホテルでの宿泊，テーマパークでの娯楽のような（⑰　　　　　　　）も，商品に含めて捉えられる。

4 技術革新と商品

教科書 p.11

Check!

商品は社会を豊かにしてきたが，商品そのものも（⑱　　　　　　　）によって進化を遂げてきた。（⑱）などによって新しい商品が生まれ，新しい市場が形成され，経済活動が活性化する一連の変化を（⑲　　　　　　　）という。

また，複数の消費者を募り，消費者が必要とする時だけ対価を支払って利用してもらうやり方がある。この経済活動を（⑳　　　　　　　　）という。これは，（㉑　　　　　　　　　）と呼ばれるビジネスのあり方における（⑲）である。

5 ブランドと商品

Check!

教科書 p.12

企業の資産といえば，ヒト，モノ，カネ，情報といわれてきた。企業が優れた活動をするために必要な，ヒトとは優秀な（㉒　　　　　　），モノとは建物や（㉓　　　　　　　）であり，カネとしての（㉔　　　　　　）や，情報としての（㉕　　　　　　）や知識も欠かせないものである。これら経営に必要な資源を（㉖　　　　　　　　）という。今日では，これらに加えて（㉗　　　　　　）も重要な資産として捉えられるようになっている。

6 商品の役割

Check!

教科書 p.13〜14

1）消費者にとっての商品

商品開発で最も重視される概念が（㉘　　　　　　）である。（㉘）とは人々が欠乏を感じている状態のことである。（㉘）が文化的な背景や個人の特性を通じて具体化されると（㉙　　　　　　）になる。（㉙）が購買力を伴うと（㉚　　　　　　）となる。

2）企業にとっての商品

企業は，人々の支持を得るために，（㉘）や（㉙）をしっかりと分析し，それらに合致した（㉛　　　　　　　）の高い商品を開発しようとする。その際，多くの企業が注目する指標が（㉜　　　　　　）である。人々は（㉜）の高い商品に（㉝　　　　　　　）を抱き，その商品をくり返し購入する傾向にある。

一方，企業は（㉛）とともに，（㉞　　　　　　　）という視点で商品を捉えている。これは，ビジネスとしては一定以上の利益を得てはじめて販売を継続できるからである。

近年では，環境問題や資源問題などまで念頭に置いた，（㉟　　　　　　　）という視点も重要である。2015年の国連サミットで，（㊱　　　　　　）の目標が決められた。

7 商品の分類

Check!

教科書 p.15〜16

商品は，買い手やその目的により（㊲　　　　　　）と（㊳　　　　　　）に分類できる。（㊲）とは人々が自らの消費や使用のために購入する商品である。これに対して（㊳）とは，企業などの組織が何らかの商品を生産するために購入する商品である。

（㊲）は，消費者の購買行動により，以下の四つに分類される。

1）最寄品

（㊴　　　　　　　）とは，日常的に購入される商品である。買い手は最低限の時間や労力しかかけずに近所の店で購入する。

2）買回品

（㊵　　　　　　　　）とは，価格やデザインなどが比較検討されながら購入される商品である。買い手が複数の店舗を移動して商品を比較検討してから購入する。

3）専門品

（㊶　　　　　　　　）とは，特別な努力を払ってでも，買い手が購入しようとする商品である。地元の店舗で扱っていなければ，遠方の店舗に時間をかけてでも出向いて購入する。

4）非探索品

（㊷　　　　　　　　）とは，商品は知られてはいるが，消費者が積極的に求めようとはしない商品である。市場導入された直後の人々に知られていない商品もこの分類に入る。

教科書 p.16〜17

8 商品に関する意思決定

Check!

1）商品アイテムに関する意思決定

企業は自社の商品に対して，（㊸　　　　　　　　）という独自の名称をつけている。特定の（㊸）の商品に関する意思決定は，（㊹　　　　　　　　）などと呼ばれる責任者によって，（㊺　　　　　　　　）と呼ばれる一品一品の単位で管理される。

2）商品ラインに関する意思決定

商品の機能，顧客などからみて密接に関係する商品の集まりを（㊻　　　　　　　　）という。（㊻）の内容に関する意思決定は（㊼　　　　　　　　）などと呼ばれる責任者によって，新ブランドの追加や削除などが行われる。

3）商品全体に関する意思決定

商品全体の意思決定とは，新しい商品ラインの追加，既存商品ラインの削除，各商品ラインへの資源の配分などに関するものである。これは，企業全体の成長性や収益性を大きく左右するので，企業全体の方向性を指揮する（㊽　　　　　　　　）によって行われる。

教科書 p.18

9 商品ミックス

Check!

企業が提供する商品の集まりは（㊾　　　　　　　　）という概念で整理できる。（㊾）は，商品ラインの「（㊿　　　　　　　　）」と「（51　　　　　　　　）」と「整合性」，そして「長さ」の組み合わせからなる。商品ラインの「㊿」とは，企業が提供している商品ラインの数であり，商品ラインの「51」とは，一つの商品ラインにおける商品アイテムの数である。

商品ラインを数多く持つ企業は（52　　　　　　　　），商品ラインを限定している企業は（53　　　　　　　　）と呼ばれる。

生産ラインの「整合性」とは，用途，生産，流通チャネルなどからみた，取り扱っている商品ラインにおける関連性の強さであり，整合性が低い企業は（54　　　　　　　　）された企業といえる。また，商品ラインの「長さ」とは（㊾）に含まれるアイテムの総数である。

▶Step 問題

正答数　　／45問

1 次の⑴～⑸に最も関係の深いものを解答群から選び，記号で答えなさい。

【解答群】

⑴　ものの価値を保証して交換を容易にするもの　　　　　　**ア**．自給自足

⑵　余剰生産物同士を交換することで必要なものを入手すること　　**イ**．物々交換

⑶　余剰生産物の交換を円滑なものとするための諸活動　　　　**ウ**．流通

⑷　交換したい人たちが集まり，効率よく交換が進められる場　　**エ**．貨幣

⑸　生活に必要なものを自ら生み出し，自ら消費する活動　　　**オ**．市場

(1)		(2)		(3)		(4)		(5)	

2 右下の図は商品の捉え方のイメージを示したものである。次の⑴～⑸はどの部分に相当するかをア～ウで答えなさい。なお，同じ選択肢を2度使用してもよい。

⑴　商品が故障した時の修理保証

⑵　人々の目を引く商品のパッケージ

⑶　商品自体の便益(機能・価値)の束

⑷　商品を持ち帰る手間が省ける配達

⑸　他の商品と見分けるのに役立つブランド

(1)		(2)		(3)		(4)		(5)	

3 次の⑴～⑸のうち，条件にあてはまるものにはAを，それ以外にはBを書きなさい。

●条件　無形財(サービス)

⑴　ペットボトルのお茶

⑵　鉄道輸送

⑶　美容院での整髪

⑷　ボールペン

⑸　病院での診察

(1)		(2)		(3)		(4)		(5)	

4 企業の資産において，次の(1)～(5)に最も関係の深いものを解答群から選び，記号で答えなさい。　【解答群】

(1) 企業活動に役立たせるための現金や当座預金　　　ア．ヒト

(2) 商品を生産するための工場や生産設備　　　　　　イ．モノ

(3) 他社商品と区別するためのロゴ　　　　　　　　　ウ．カネ

(4) 生産や営業などの業務を行うための従業員　　　　エ．情報

(5) 商品の販売実績を上げるためのノウハウ　　　　　オ．ブランド

(1)		(2)		(3)		(4)		(5)	

5 次の(1)～(5)のニーズを具体化したものを解答群から選び，記号で答えなさい。

【解答群】

(1) 空腹を満たしたい。　　　　　　　　　　　　　　ア．犬を飼いたい。

(2) 寒さをしのぎたい。　　　　　　　　　　　　　　イ．パンを食べたい。

(3) 汚れを落としたい。　　　　　　　　　　　　　　ウ．水を飲みたい。

(4) のどの渇きを癒したい。　　　　　　　　　　　　エ．石鹸が欲しい。

(5) 心が癒されたい。　　　　　　　　　　　　　　　オ．セーターを着たい。

(1)		(2)		(3)		(4)		(5)	

6 次の各文の下線部が正しい場合は〇を，誤っている場合は正しい語句を書きなさい。

(1) 企業は，人々のニーズやウォンツに合致した<u>有用性</u>の高い商品を開発する。

(2) 自社商品を購入してくれる消費者が，その商品に対してどれだけ満足しているかという指数を<u>従業員満足度</u>という。

(3) 特定の商品やブランドに対する愛着や忠誠心のことを<u>ロイヤルティ</u>という。

(4) 企業は，赤字続きではビジネスが成り立たないので，有用性とともに<u>社会性</u>という視点でも商品を捉えている。

(5) 企業は，商品開発においてSDGsの目標のような環境問題や資源問題にまで念頭に置いた，<u>持続可能性</u>という観点も問われている。

(1)		(2)		(3)	
(4)		(5)			

7 下の表は消費者の購買行動による商品の分類を示したものである。(1)～(5)に当てはまるものを解答群から選び，記号で答えなさい。

【解答群】
ア．とても低い
イ．とても高い
ウ．低価格
エ．高価格
オ．時間や労力をかけない
カ．時間や労力をかける

	最寄品	買回品	専門品	非探索品
購入頻度	(1)	低い	とても低い	(2)
商品の価格	(3)	中から高価格	(4)	中から高価格
購買努力	時間や労力をかけない	(5)	時間や労力を惜しまない	積極的に購入しようとしない

(1)		(2)		(3)		(4)		(5)	

8 商品の分類において，次の(1)～(5)に最も関係の深いものを解答群から選び，記号で答えなさい。なお，同じ選択肢を2度使用してもよい。

(1) 毎月定期的に購入しているファッション雑誌
(2) 時間をかけて相談し，婚約記念で購入したペアの高級腕時計
(3) 友人から強く勧められたので加入することにした生命保険
(4) 数店の下見をしてから購入したハンドバッグ
(5) 朝食用にいつも購入することに決めているA社の食パン

【解答群】
ア．最寄品
イ．買回品
ウ．専門品
エ．非探索品

(1)		(2)		(3)		(4)		(5)	

9 商品ミックスにおいて，次の各文の下線部が正しい場合は〇を，誤っている場合は正しい語句を書きなさい。

(1) 企業が提供している商品ラインの数を商品ラインの「長さ」という。
(2) 商品ラインを数多く持つ企業はパートライン企業と呼ばれる。
(3) 商品ラインの「整合性」とは，商品の用途，流通チャネルなどから見た，取り扱っている商品ラインの関連性の強さである。
(4) 商品ラインの整合性が低い企業は，集約化された企業といえる。
(5) 商品ラインの「長さ」とは，企業の総取扱商品数を示している。

(1)		(2)		(3)	
(4)		(5)			

2節 商品開発の意義と手順

教科書 p.19〜28

● 要点整理

正答数 ／60問

教科書の内容についてまとめた次の文章の（　）にあてはまる語句を書きなさい。

Check!

1 商品開発の意義

教科書 p.19

技術は日々進歩し，人々の好みも日々変化している。企業は新しい商品を市場導入していかなければならないため，（① 　　　　　　　　）が重要な課題となっている。

企業の（①）では，新商品の開発だけでなく，既存商品の改良も重要な課題である。耐久消費財の改良は（② 　　　　　　　　）という。また，一部の商品では，（③ 　　　　　　　　）の発見により，これまでとは違う消費者を獲得することもある。

一方，市場での支持を得られなくなった商品は，販売を（④ 　　　　　　）することも考えなければいけない。

Check!

2 新商品の捉え方

教科書 p.20

売り手である企業と買い手の集合体である市場では，新商品の捉え方が異なり，新商品の「新しさ」は，誰にとっての新しさなのかを考える必要がある。売り手である企業にとっての新しさと，買い手である市場にとっての新しさという二つの視点を加えることで，既存の独自技術を用いた（⑤ 　　　　　　），（⑥ 　　　　　　　　）なども新商品となる。

企業や市場にとって新しい商品であればあるほど，販売不振に終わる（⑦ 　　　　　　　）は高くなるが，大きな（⑧ 　　　　　　）を達成するためには高い（⑦）を負わねばならない。

Check!

3 商品ライフサイクル

教科書 p.21〜23

商品が発売されてから販売中止になるまでを，（⑨ 　　　　　　　　）という。（⑨）は商品レベルだけでなく，（⑩ 　　　　　　　　），（⑪ 　　　　　　　　）でも検討することができる。（⑩）はある特定のブランドが販売されはじめてから，成長，成熟化し，衰退するまでを指す。

1）導入期

（⑫ 　　　　　　）とは，企業が新ブランドを市場に送り出す段階である。この段階における第一の目的は，（⑬ 　　　　　　　　）を生み出し，ブランドを構築することである。

（⑭ 　　　　　　）によって知名度を高めたり，流通業に働きかけたりする時期である。

売上高の低さに比べて，研究開発費やプロモーション費などが高く，多くの場合は（⑮ 　　　　　　）である。

2）成長期

（⑯　　　　　　　　　）は，市場導入されたブランドの売上高が急速に伸びる段階である。他の企業も（⑰　　　　　　　　　）を送り込んでくるので，（⑱　　　　　　　　）も急成長する。（⑯）では，自社ブランドへの愛着心や忠誠心である（⑲　　　　　　　　　　　）の強化が主要な目的になる。（⑯）の後半には売上高が伸びているにもかかわらず，競合ブランド間での激しい競争が展開されるので，利益はピークを迎える。拡大する需要に対応するためには，（⑳　　　　　　　　）の強化，（㉑　　　　　　　　　　）の拡大，（㉒　　　　　　　　）の増強などが必要となる。

3）成熟期

成長期を過ぎたブランドは，売上高の伸びが鈍くなりピークを迎える（㉓　　　　　　　　）に入る。新規需要よりも（㉔　　　　　　　　）需要，（㉕　　　　　　　　）需要が主流となり，自社ブランドの売上高を増大させるには，激しい競争が必要となる。

機能や性能などのブランド間の違いが少なくなる（㉖　　　　　　　　　　　）が起こるので，パッケージなどでの差別化を検討しなければならない。明確な差別化がなされない商品分野では，安くしないと売れないため厳しい（㉗　　　　　　　　）が展開される。

4）衰退期

売上高と利益が急速に減少しはじめると，そのブランドは（㉘　　　　　　　　）に至る。（㉘）に至る原因としては，（㉙　　　　　　　　　），人々の（㉚　　　　　　　　）の変化，政府による（㉛　　　　　　　　）などが考えられる。

（㉘）に直面しているブランドは，商品の（㉜　　　　　　　）や（㉝　　　　　　　　）を検討しなければならない。（㉝）の場合，追加的な投資はせず，生産と販売の中止が検討される。

5）商品ライフサイクルの注意点

あるブランドの売上高の減少は必ずしも衰退期を意味しないという点は注意が必要である。売上高の減少は，単に商品の寿命によるだけではなく，（㉞　　　　　　　　　　　）が適切に行われていないことによっても生じることがある。

ブランドの責任者たちは，売上高が減少傾向にあるならば，その原因を探り，成熟期を持続させる（㉟　　　　　　　　）について検討しなければならない。

4 商品開発の手順

教科書 p.24〜27

Check!

1）環境分析と意思決定の準備

商品開発では，自社や顧客や競合企業のことだけでなく，環境と呼ばれる周囲の状況の分析から着手する。これを（㊱　　　　　　　　）という。（㊱）によって，自社の立ち位置がわかったり，ヒット商品が出せそうな領域に気づいたりすることができる。

2）市場調査

環境分析の次には(㊲　　　　　　　)が必要になる。(㊲)とは，どのような領域で，どのような商品を，どのような特徴を持たせ，どのような人々に対して開発したらよいかのヒントや手掛かりを得るために実施する活動である。

3）商品コンセプトの策定

市場調査を終えたら，新商品のアイディアから，開発する商品の価値や特徴をわかりやすく示した(㊳　　　　　　　)を考案していく。そのために，多くのアイディアをふるいにかけて取捨選択する(㊴　　　　　　　)という作業が必要になる。(㊳)を完成させるためには，市場で競争することとなる既存ブランドとの位置関係を示した(㊵　　　　　　　)が描かれる。また開発された商品が実際に市場で受け入れられるのか，どれくらいの販売が見込めるのか，などを行う(㊶　　　　　　　)が実施される。

(㊳)を策定した後は，商品企画の提案を行い，商品開発を進めるか否かを決める(㊷　　　　　　　)を行う。

4）事業計画の立案

商品開発を継続すると意思決定された商品は，(㊸　　　　　　　)の立案が行われる。投資と(㊹　　　　　　　)の計画を伴った(㊸)には，(㊺　　　　　　　)計画，(㊻　　　　　　　)計画，(㊼　　　　　　　)計画，(㊽　　　　　　　)計画に加えて，販売量の予測，生産計画，財務計画の分析などを整理してまとめる。

5）商品仕様

策定された商品コンセプトに基づく商品のサイズや重量を(㊾　　　　　　　)という。

6）詳細設計

商品コンセプトを一歩進めて，数値目標を達成し生産を可能にするため，製法や素材，形状や構造などを決定する。これを(㊿　　　　　　　)という。

7）プロトタイプの作成

策定された詳細設計を基に，(㋑　　　　　　　)（試作品）を作成する。(㋑)に求められるのは商品の構想やイメージを具体化することである。

8）プロトタイプの評価と改善

プロトタイプが商品コンセプト通りの品質なのかテストを行う。社内のスタッフで試すことを(㋒　　　　　　　)，想定顧客で試すことを(㋓　　　　　　　)，地域を限定して試験的に売れ行きを確認することを(㋔　　　　　　　)という。(㋔)は(㋕　　　　　　　)とも呼ばれる。

9）市場への導入

ここまでの流れを踏まえ，成功が見込まれる新商品は(⑤⑥　　　　　　)される。(⑤⑥)のタイミングを見きわめ，市場で成功する機会を逃さないことが大切である。いったん(⑤⑥)された商品は，消費者による商品の評価に注目し，(⑤⑦　　　　　　　　)を行い，必要に応じて商品を(⑤⑧　　　　　)しなければならない。

Check!

5 商品開発の新しい進め方

教科書 p.28

1）リニア型開発

環境分析から，事業計画，商品仕様，プロトタイプなどの各段階を一つひとつ進めていく開発手順を(⑤⑨　　　　　　　)という。(⑤⑨)では各部門は独立して，担当する段階を完了させると次の部門へ引き継いでいく。

2）ノンリニア型開発

商品開発において複数の段階を同時に進める開発手順を(⑥⓪　　　　　　　　)という。さまざまな部門からメンバーが集まり一つのチームを作って開発を行う。

▶Step 問題

正答数　　　／35問

1 次の(1)～(5)のうち，正しいものにはAを，誤っているものにはBを書きなさい。

(1) 企業は時代遅れになった商品でも，顧客が一人でもいれば，販売を停止しない。

(2) 商品開発は，既存商品の改良や新しい用途の発見も含まれる。

(3) 耐久消費財の改良はモデルチェンジという。

(4) 新商品は販売不振に終わるリスクは高いが，大きな利益を得られる可能性もある。

(5) 新商品が3年後に市場にとどまっているヒット率は，一般的に5割程度である。

(1)	(2)	(3)	(4)	(5)

2 次の(1)～(5)のうち，条件にあてはまるものにはAを，それ以外にはBを書きなさい。

●条件　新商品の捉え方における，市場にとっての新商品にあたるもの

(1) 既存の独自技術を用いた改良品　　(2) パッケージ変更だけの単純な改良品

(3) 技術革新を伴った商品　　(4) フレーバーを変更した単純な改良品

(5) 追加ライン商品

(1)	(2)	(3)	(4)	(5)

3 下の図は商品ライフサイクルを示したものである。(1)〜(4)に入る語句を書きなさい。また，最初の頃に利益が赤字の理由を記述しなさい。

金額

売上高

利益

時間

(1)	
(2)	
(3)	
(4)	

赤字の理由…

(1) ─ (2) ─ (3) ─ (4)

4 商品ライフサイクルにおいて，次の各文の下線部が正しい場合は○を，誤っている場合は正しい語句を書きなさい。

(1) 導入期の第一の目的は，新規需要を生み出し，ブランドを構築することである。

(2) 成長期には他の企業も類似商品を発売するので，市場規模が急成長する。

(3) 成長期には競合ブランド間で激しい競争が展開されるので，生産力の縮小を検討する。

(4) 成熟期におけるコモディティ化とは，機能や性能などの違いが明確になることである。

(5) 衰退期に至る原因の一つに，人々の好みの変化が挙げられる。

(1)		(2)		(3)	
(4)		(5)			

5 次の(1)〜(5)に最も関係の深いものを解答群から選び，記号で答えなさい。

(1) アイディアを取捨選択して絞り込む作業のこと

(2) 市場で競争することとなる既存ブランドとの位置関係を示したグラフのこと

(3) 開発された商品が実際に市場で受け入れられるのかなどを調査すること

(4) 商品コンセプトをもとに作られる試作品のこと

(5) 消費者の評価を振り返り，必要に応じて商品の改良に繋げること

【解答群】

ア．コンセプトテスト　　イ．アイディア・スクリーニング　　ウ．プロトタイプ

エ．ポジショニング・マップ　　オ．フィードバック

(1)		(2)		(3)		(4)		(5)	

6 下のイラストは商品開発の各手順のイメージを示したものである。次の(1)〜(5)に入る手順を書きなさい。

(1)		(2)		(3)	
(4)		(5)			

7 教科書p.28を参考に，リニア型開発の手順を解答群から選び，記号で答えなさい。また，リニア型開発の特徴を30字程度で記述しなさい。

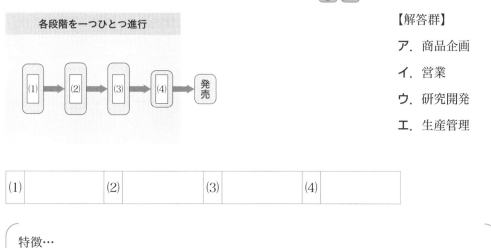

【解答群】

ア．商品企画

イ．営業

ウ．研究開発

エ．生産管理

(1)		(2)		(3)		(4)	

特徴…

3節 商品と流通との関わり

教科書 p.29〜34

● 要点整理

正答数 ／26問

教科書の内容についてまとめた次の文章の（　）にあてはまる語句を書きなさい。

1 流通の仕組み

教科書 p.29〜30

Check!

1）直接流通

生産者が消費者から直接注文を受けて商品を届ける形態は（①　　　　　　）と呼ばれる。この形態では，消費者と生産者の間で情報やお金のやり取りが直接行われる。このため，消費者は商品に対する細かい（②　　　　　）や使用した（③　　　　　）などといった情報を生産者に届けることができる。

2）間接流通

生産者と消費者の間に業者が入る流通形態は（④　　　　　　）と呼ばれ（⑤　　　　　）が重要な役割を果たしている。書店やスーパーマーケットなどは，（⑤）の中でも（⑥　　　　　）と呼ばれる。（⑥）は消費者と積極的にコミュニケーションを図りながら，消費者の顧客満足度向上に貢献している。生産者と（⑥）の中間に位置する（⑦　　　　　）は，生産者から商品を仕入れ，（⑥）などに卸している。

2 流通の役割

教科書 p.31〜32

Check!

1）取引総数最小化の原理

今日では，直接流通よりも間接流通が多く用いられている。消費者がたくさんの種類の商品を購入する場合，直接流通であれば個別の生産者からそれぞれ購入することが必要となるが，生産者と消費者の間にスーパーマーケットが入れば，消費者は1回の買い物ですべての商品を購入することができる。この考え方を（⑧　　　　　　　　）という。

2）間接流通のメリット

流通業が介在する間接流通は他にも消費者と生産者の双方にメリットがある。消費者はさまざまな種類の商品を少量必要とするのに対し，生産者は限られた種類の商品を大量に生産したいと考える傾向にある。こうした需要と供給を適合させる（⑨　　　　　）は，流通業が持つ重要な役割である。この他にも流通業には，消費者との（⑩　　　　　），生産者や消費者への（⑪　　　　　），商品の（⑫　　　　　）や輸送，金融，（⑬　　　　　）などの役割がある。

3）間接流通のデメリット

流通業が介在することで，デメリットももたらされる。例えば，中間業者が増えると，

必要な費用をまかなうために利益が上乗せされ，販売価格が(⑭　　　　　　)してしまう。また，商品が届けられるまでに(⑮　　　　　　)がかかる。(⑯　　　　　　)が上手くいかずに消費者のニーズや不満足に関する情報が迅速かつ正確に届かないなどがある。

3 マーケティングの変化と流通チャネルの多様化

教科書 p.33〜34

Check!

1）マス・マーケティング

　商品を大量に生産し，消費する時代においては，(⑰　　　　　)された商品を効率よく販売することに重点が置かれていた。一般大衆に対して，広告を用いて画一的に働きかけ，来店を促す，(⑱　　　　　　　　　)と呼ばれる手法がとられていた。

2）ダイレクト・マーケティング

　消費者の好みや考え方が(⑲　　　　　　)してくると，マス・マーケティングによって提供される標準化された商品に満足しない消費者が現れはじめる。そこで特定の消費者に直接働きかける(⑳　　　　　　　　　　)と呼ばれる手法を採用する企業が増えてくる。(⑳)はカタログやテレビ番組を通じて，消費者に商品を紹介して注文を受け付ける(㉑　　　　　　)や，インターネットのWebサイトから注文を受け付ける(㉒　　　　　　　)，置き菓子や薬などの(㉓　　　　　　)などの手法が代表的である。

3）マルチチャネル・マーケティング

　販売機会を増やすために，複数の顧客グループに対して異なる(㉔　　　　　　　)を用いる(㉕　　　　　　　　　)を採用する企業が増えている。同様のニーズを持つ顧客が一定数存在する場合は，そのグループに向けて最適な流通形態を選択することが必要である。似た概念に，消費者のニーズに応じて最適な商品の提供方法を提案できるように企業が一元管理できる(㉖　　　　　　　)がある。

▶Step問題

正答数　　／22問

① 次の(1)〜(5)のうち，条件にあてはまるものにはAを，それ以外にはBを書きなさい。

●条件　小売業が消費者の満足度を高めるために行っている活動

(1)　消費者と積極的にコミュニケーションを図り，消費者の要望の情報収集を行っている。

(2)　消費者が購入した商品を，持ち帰るための包装やラッピングサービスを行っている。

(3)　生産者の要望に応じて，陳列する商品を選択している。

(4)　小売業にとって利益率の高い商品だけを取り扱い，品揃えを行っている。

(5)　生産者との間に立って，消費者が購入した商品の修理窓口の業務を提供している。

(1)		(2)		(3)		(4)		(5)	

2 下の図は流通における商品や情報の流れを示したものである。次の(1)～(4)に最も関係の深いものを解答群から選び，記号で答えなさい。また，直接流通の特徴を60字程度で説明しなさい。

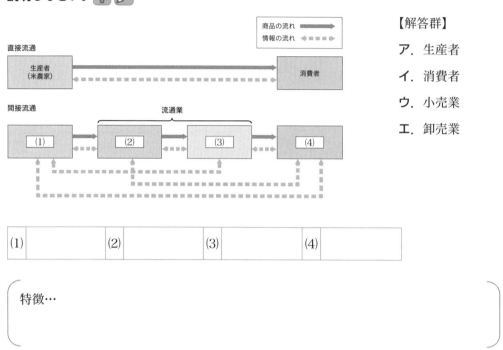

【解答群】
ア．生産者
イ．消費者
ウ．小売業
エ．卸売業

(1)		(2)		(3)		(4)	

特徴…

3 次の図は直接流通と間接流通を示したものである。教科書p.31を参考に，すべての生産者と消費者がそれぞれ直接取引をする場合と，流通業を介して間接取引する場合の取引を矢印で記入し，取引総数を書きなさい。

生産者A		消費者A		生産者A			消費者A
生産者B		消費者B		生産者B			消費者B
					流通業		
生産者C		消費者C		生産者C			消費者C
生産者D		消費者D		生産者D			消費者D

直接流通　　　　　　　　　　　　　　　間接流通

直接流通の取引総数		間接流通の取引総数	

4 次の⑴〜⑸のうち，条件にあてはまるものにはAを，それ以外にはBを書きなさい。

●条件　直接流通と比較したときの間接流通のメリット

⑴　多種少量消費する消費者と，少種大量生産する生産者の需要と供給を調整できる。

⑵　生産者から消費者に商品が届けられるのに，時間がかからない。

⑶　消費者のニーズや不満足に関する情報が，迅速かつ正確に届く。

⑷　個々の消費者が持つニーズに合わせて，商品を特注で生産したり提供したりできる。

⑸　消費者との交渉や消費者への情報伝達の接点が増えるので，売り上げの機会が増える。

⑴		⑵		⑶		⑷		⑸	

5 教科書p.33の事例において，オフィス向け置き菓子の配置販売は，どのようなメリットがあると考えられるか。菓子メーカー，消費者の立場からそれぞれ50字程度で説明しなさい。

菓子メーカーの立場…

消費者の立場…

6 教科書p.34のパソコンメーカーの例を参考にして，マルチチャネル・マーケティングの特徴を「マス・マーケティング」，「ダイレクト・マーケティング」という語を用いて100字程度で説明しなさい。

1 あなたの身の回りにある商品の中で，SDGsの取り組みから開発された商品について書き出してみよう。

2 ①であげた商品には，どのような技術革新が使われているのか考えてみよう。

3 ①であげた商品は，どのようなニーズを満たしているのか，またどのような便益をもたらしているのかについて考えてみよう。

4 ①であげた商品が，現在商品ライフサイクルの中でどの段階にあるのかについて考えてみよう。

1回目□(1)　自らが必要なものを自ら生み出す活
2回目□　　動のこと。　　　（　　　　　　）

□(2)　自らが消費できないものと，自ら生
　　産できないものを交換すること。
　　　　　　　　　　（　　　　　　）

□(3)　消費者が商品によって得ることがで
　　きる機能や価値などのこと。（　　　　）

□(4)　技術革新などによって新しい市場が
　　形成され，経済活動が活性化する一連
　　の変化のこと。（　　　　　　）

□(5)　企業が利益を生み出す仕組みのこ
　　と。　　　　　　（　　　　　　）

□(6)　商品の製造者や販売者を特定するた
　　めにさまざまな要素などを組み合わせ
　　たもの。　　　　（　　　　　　）

□(7)　人々が欠乏を感じている状態のこ
　　と。　　　　　　（　　　　　　）

□(8)　(7)が文化的な背景や個人の特性を通
　　じて具体化されること。
　　　　　　　　　　（　　　　　　）

□(9)　自社商品の購入者が，その商品に対
　　してどれだけ満足しているかという水
　　準。　　　　　　（　　　　　　）

□(10)　特定の商品やブランドに対する愛着
　　や忠誠心のこと。（　　　　　　）

□(11)　環境・社会・経済などが将来にわたっ
　　て適切に維持・保全され，発展できる
　　こと。（　　　　　　）

□(12)　人々が自らの消費や使用のために購
　　入する商品のこと。（　　　　　　）

□(13)　企業などの組織が何らかの商品を生
　　産するために購入する商品のこと。
　　　　　　　　　　（　　　　　　）

□(14)　商品を捉える最小単位のこと。
　　　　　　　　　　（　　　　　　）

□(15)　機能，顧客，流通チャネルなどから
　　見て，密接に関係している商品の集ま
　　り。　　　　　　（　　　　　　）

□(16)　(15)を「幅」・「深さ」・「整合性」・「長さ」
　　での組み合わせから整理した概念。
　　　　　　　　　　（　　　　　　）

□(17)　耐久消費財の改良のこと。
　　　　　　　　　　（　　　　　　）

□(18)　新商品が誕生し導入期・成長期・成
　　熟期・衰退期を経て市場から撤退する
　　までの期間。（　　　　　　）

□(19)　機能や性能など本質的部分でブラン
　　ド間の違いが少なくなること。
　　　　　　　　　　（　　　　　　）

□(20)　明確な差別化がなされない商品分野
　　で起こる価格による競争。
　　　　　　　　　　（　　　　　　）

□(21)　間接流通は直接流通と比較して取引
　　数の総量が最小になるという原理。
　　　　　　　　　　（　　　　　　）

□(22)　インターネットを用いてWebサイ
　　トから注文を受ける取引。
　　　　　　　　　　（　　　　　　）

□(23)　商品が生産者から消費者まで届く道
　　筋のこと。　　　（　　　　　　）

▲アプリは
こちらから

アプリでほかの問題にもチャレンジしてみよう！

1節 環境分析と意思決定の準備 教科書 p.36〜47

● 要点整理

正答数 ／76問

教科書の内容についてまとめた次の文章の（　　　）にあてはまる語句を書きなさい。

Check!

1 開発組織と体制

教科書 p.36〜37

商品開発では，顧客のニーズをもとに（① 　　　　　　　　　　）を策定したり，技術的な課題を解決しながら（② 　　　　　　　　　）を実現したり，多くの課題に並行して取り組まなければならない。

これを実現させるためには，さまざまな専門分野のメンバーで構成された（③ 　　　　　　　　）を組織する必要がある。革新的な商品を企画するためには，（③）のメンバーの（④ 　　　　　　　）も重要である。

また，経験豊かで強い（⑤ 　　　　　　　　　　　）を持つリーダーの選定も重要である。リーダーには豊富な知識や優れた判断能力だけでなく，経営陣を味方につけたり，利害関係の衝突を調整したりするなどの高い（⑥ 　　　　　　　　　　）も要求される。

2 環境分析

教科書 p.37

Check!

消費者から多くの支持を得られる商品は，世の中に（⑦ 　　　　　　　）とされる商品である。社会の変化や自社の問題を理解する目的で市場や企業が置かれている環境を分析するのが（⑧ 　　　　　　　　）である。

（⑧）は，企業ではコントロールが難しい（⑨ 　　　　　　　　　　）の分析と，コントロールが比較的容易で直接的な影響を受ける（⑩ 　　　　　　　　　）の二つに大別される。

3 マクロ環境の分析

教科書 p.38〜39

Check!

環境分析のなかでマクロ環境の分析においては，商品開発に影響を与える四つの要因であるpolitics, economy, societyおよび, technologyのそれぞれの英語の頭文字を取った（⑪ 　　　　　　　　　　）と呼ばれる分析手法が有効である。四つの要因はそれぞれ以下の通りである。

politics	（⑫ 　　　　　　　）要因
economy	（⑬ 　　　　　　　）要因
society	（⑭ 　　　　　　　）要因
technology	（⑮ 　　　　　　　）要因

1）政治的要因の分析

　商品開発は，国の政策や法制度の変更などの影響を受ける。今日では，日本国内の基準や（⑯　　　　　　　）を守るのはもちろん，国外で起きている（⑰　　　　　　　　）やルールの変化にも注視する必要がある。

　企業が法律や慣習に従うことを，（⑱　　　　　　　　　　　）という。

2）経済的要因の分析

　景気や為替，金利の変動といった（⑲　　　　　　　　）の変化は，人々の購買行動に大きな影響を及ぼす。例えば2008年頃に世界規模で発生した（⑳　　　　　　　　　　）と呼ばれる金融危機では，経済の先行き不安から消費が急激に落ち込んだ。

3）社会的要因の分析

　消費者を取り巻く社会や文化の変化，（㉑　　　　　　　　）の変化，ライフスタイルや価値観の変化をとらえるのが社会的要因の分析である。（㉑）とは，出生や死亡，人口の流出入に伴う人口規模や構造の変動を意味する。日本においては，地方では人口流出が続き（㉒　　　　　）が問題となっている一方で，都市部では人口流入に伴う（㉓　　　　　　　）や（㉔　　　　　　　）の悪化といった問題を引き起こしている。

4）技術的要因の分析

　（㉕　　　　　　）の出現によって市場が大きく変わったり，新たな市場が生まれたりする場合があるので，どのような（㉕）が利用できるかを検討しなければならない。（㉕）の例として，モノがインターネットと繋がることを指す（㉖　　　　　　　）に関する技術がある。

4 ミクロ環境の分析

教科書 p.40

Check!

　ミクロ環境を分析する手法には（㉗　　　　　　），（㉘　　　　　　），（㉙　　　　　　）を分析する（㉚　　　　　　）がある。

1）顧客の分析

　顧客がどこにいて，どのような（㉛　　　　　）や（㉜　　　　　　）を抱えているのか，何を求めているかといった分析は，商品開発において有効である。

2）自社の分析

　自社の分析には自社の（㉝　　　　　　），人材や設備，資金などの（㉞　　　　　　），得意とする（㉟　　　　　），革新的商品を生み出す（㊱　　　　　　）などの分析があげられる。自社の経営資源を四つの要素で整理する（㊲　　　　　　）の手法もある。

3）競合企業の分析

　自社の商品がどの産業に属していて，（㊳　　　　　　）がどこにあり，（㊴　　　　　　）

がどこなのかを明確にする。次に脅威となりうる㊴の動向や戦略を把握したり，思わぬところから現れる(㊵)にも警戒する必要がある。

5 情報整理の枠組み

教科書 p.41

Check!

環境分析で得られた情報は(㊶)と呼ばれる手法を用いて整理することができる。㊶は(㊷) (Strength)，(㊸) (Weakness)，(㊹) (Opportunity)，(㊺) (Threat)の英語の頭文字を取って表現された用語である。

1）SWOT分析の手法

環境分析で得られた情報を次のルールに従って振り分けていく。自社にとって都合が良い要因((㊻))を左側に，都合の悪い要因((㊼))を右側に配置する。また，自社がコントロール可能な要因((㊽))を上側，コントロール不可能な要因((㊾))を下側に配置する。

この四つの枠をそれぞれ，強み，弱み，機会，脅威と表現する。

2）有望な機会の特定

SWOT分析の４項目のなかでは(㊿)が極めて重要である。今日においては，有望な㊿を見つけたら競合企業に先駆けて㊿実現の可能性を考えないと，競争に敗れてしまうことにつながる。

6 商品開発の意思決定に向けた準備

教科書 p.42～47

Check!

環境分析を終えたら，商品開発をこのまま進めるかどうかを決めなければならない。この決定を((51))という。その準備のために，開発方針の策定と開発テーマの決定，ターゲット・マーケティングが必要になる。

1）開発方針の策定

((52))とは，商品開発を取り組むうえで拠り所となる基本的な考え方や商品開発プロジェクトの方向性を示したものである。

〈1〉企業が目指す方向性

企業には，創業者の想いや企業の存在意義が示された((53))や，長期的な視点に立って企業が達成すべき目標が示された((54))がある。これらは短い言葉で表され，社員の行動規範になっている。

〈2〉商品ライフサイクルの確認

開発方針を策定するにあたり，開発する商品が，商品ライフサイクルの４段階を順に並べた((55))，((56))，((57))，((58))のうち，どの段階にあるかを確認しておかなければならない。

2）開発テーマの決定

　誰に向けてどのような商品を開発するかという商品開発の主題のことを(⑲　　　　　　　　　　)という。ここでは，商品開発プロジェクトが目指す目標や目的を明確にしなければならない。

3）ターゲット・マーケティング

　一種類の商品を大衆すべてに向けて提供する方法を(⑳　　　　　　　　　　　　　　)というが，人々のニーズや行動様式が多様化する現代では，市場を細かく切り分け((㉑　　　　　　　　　　　　))，細分化した市場の中から自社が対象とする顧客層がいる(㉒　　　　　　　　)を選定し((㉓　　　　　　　　　　　))，ニーズに対応する商品を開発して，競合企業が提供する商品とは異なるイメージの植え付け((㉔　　　　　　　　　))を行う，(㉕　　　　　　　　　　　　　　)が有効と言われている。これら一連の活動は，英語の頭文字をとって(㉖　　　　　　　　)と呼ぶ。

4）セグメンテーション

　セグメンテーション((㉗　　　　　　　　　　))とは，性別や収入の高さ，地域など，消費者を一定の基準を用いて細かく分類することである。これらの基準は数値やカテゴリーなどで示すことができるため，(㉘　　　　　　　　)と呼ばれる。代表的な変数は以下の通りである。

〈1〉(㉙　　　　　　　　　)…年齢や性別による細分化のこと。他にも，世帯人数や世帯年収，職業，国籍，人種，教育水準なども例として挙げられる。

〈2〉(㉚　　　　　　　　)…国や地域，都道府県，市町村などによる細分化のこと。

〈3〉(㉛　　　　　　　)…商品の利用頻度や利用時期，ブランド・ロイヤルティの高さ，消費者が求める便益の違いによる細分化のこと。

〈4〉(㉜　　　　　　　　)…消費者の性格や価値観，ライフスタイルなどの違いによる細分化のこと。

5）ターゲティング

　企業の持つ経営資源には限りがあるため，細分化された市場のうち，どの市場が魅力的かを評価し絞り込むことをターゲティング((㉝　　　　　　　　　　　))という。

6）ポジショニング

　自社の商品が，競合企業が提供するものと比べて，どこが(㉞　　　　　　　)していて，どこが(㉟　　　　　　　)かを考えるのがポジショニングである。

　効果的なポジショニングは，顧客の頭の中に，(㊱　　　　　　　)独特なイメージの植え付けに成功することである。

1 次の(1)〜(5)のうち，条件にあてはまるものにはAを，それ以外にはBを書きなさい。

●条件　商品開発のリーダーに求められる能力

(1) チームメンバーを励ましたり，まとめあげたりする能力

(2) 商品開発を行う上での豊富な知識

(3) 経営陣を敵に回しても独自に商品化を進める判断能力

(4) 部門間で発生する利害関係の衝突を調整するコミュニケーション能力

(5) チームメンバーとリーダーが，商品開発に必要な土地や工場を用意する資金力

(1)		(2)		(3)		(4)		(5)	

2 マクロ環境の分析において，次の(1)〜(5)に最も関係の深いものを解答群から選び，記号で答えなさい。ただし同じ選択肢を2回使用してもよい。

(1) 消費者のライフスタイルや価値観の変化　　　　　【解答群】

(2) 国外で起きている政治的情勢やルールの変化　　　ア．政治的要因

(3) IoTに関する新技術の出現による市場の変化　　　イ．経済的要因

(4) 人口流出に伴う過疎化のような人口動態の変化　　ウ．社会的要因

(5) 景気や為替，金利の変動といった経済状況の変化　エ．技術的要因

(1)		(2)		(3)		(4)		(5)	

3 次の(1)〜(5)の□□□に当てはまるものを解答群から選び，記号で答えなさい。

　企業がはたらきかけることでビジネスに影響を与えられる環境を　(1)　というが，その分析の手法として　(2)　がある。これは次に挙げる英語の頭文字から付けられたものである。　(3)　は不満や問題がどこにあるのか，何を求めているのかを知るもので，　(4)　は経営状況や経営資源の有無を知るもので，　(5)　はライバルとなる企業のことを知るものである。こうした分析をうまく使い分け，企業は商品開発などに役立てている。

【解答群】　ア．顧客の分析　　イ．3C分析　　ウ．ミクロ環境

　　　　　　エ．自社の分析　　オ．競合企業の分析

(1)		(2)		(3)		(4)		(5)	

4 下の図はSWOT分析の枠組みを示したものである。(1)～(4)にはそれぞれ「強み」，「弱み」，「機会」，「脅威」のどれが入るか，書きなさい。また，今日において4項目のなかで最も重要な項目を一つ選び，丸で囲みなさい。

	プラス要因	マイナス要因
内部環境	(1)	(2)
外部環境	(3)	(4)

5 次の(1)～(5)のうち，条件にあてはまるものにはAを，それ以外にはBを書きなさい。

●条件　商品開発の意思決定の際，開発テーマに含まれるもの

(1) 商品開発プロジェクトが目指す目標や目的

(2) 革新的商品を生み出す組織文化

(3) 開発した商品を市場に投入するタイミング

(4) 売上額や利益率，市場シェアなどの目標

(5) 法律や慣習に従うコンプライアンス

(1)		(2)		(3)		(4)		(5)	

6 セグメンテーションを行う際，次の(1)～(5)はどの変数に属するか，最も関係の深いものを解答群から選び，記号で答えなさい。ただし同じ選択肢を2回使用してもよい。

(1) 消費者の性格や価値観，ライフスタイルなどの違いによる細分化

(2) 国や地域，都道府県，市町村などによる細分化

(3) 世帯人数や世帯年収，職業などによる細分化

(4) 商品の利用頻度や利用時期，ブランド・ロイヤルティの高さなどによる細分化

(5) 性別や年齢による細分化

【解答群】

ア．人口統計的変数　　イ．地理的変数　　ウ．行動的変数　　エ．心理的変数

(1)		(2)		(3)		(4)		(5)	

7 次の(1)〜(5)に最も関係の深いものを解答群から選び，記号で答えなさい。

(1) 一つの種類の商品を大衆すべてに向けて提供する販売戦略

(2) 市場を細かく切り分け，標的市場に対して，競合他社と差別化を図る販売戦略

(3) 市場細分化と呼ばれる手法を用いて市場を細かく切り分けること

(4) 細分化した市場の中から自社が対象とする顧客層がいる標的市場を選定すること

(5) 自社の商品の立ち位置がどこなのかを考え，競合企業が提供する商品とは異なるイメージを植え付けること

【解答群】

ア．セグメンテーション　　イ．ターゲティング　　ウ．ポジショニング

エ．ターゲット・マーケティング　　オ．マス・マーケティング

(1)		(2)		(3)		(4)		(5)	

8 教科書p.38の側注にある新型コロナウイルス感染症の影響について，PEST分析を行い，ここから発生した新たなニーズおよびそのニーズを満たすために開発された新商品またはサービスの具体例をそれぞれ1行程度で記述しなさい。🔍 ✏️

政治的要因…

ニーズ…

新商品…

経済的要因…

ニーズ…

新商品…

社会的要因…

ニーズ…

新商品…

技術的要因…

ニーズ…

新商品…

2節　市場調査

● 要点整理

正答数　／43問

教科書の内容についてまとめた次の文章の（　　）にあてはまる語句を書きなさい。

1 市場調査の段階

教科書 p.48

Check!

市場調査とは, 商品開発に関する意思決定に必要な（① 　　　　　）を集め,（② 　　　　　）するための一連の作業である。市場調査は次の三つの段階で行われる。

一つ目は, 商品開発の（③ 　　　　　）の段階での市場調査である。商品開発そのものを実行に移すかどうかを決定するために実施される。

二つ目は,（④ 　　　　　）の段階での市場調査である。開発する商品についてのヒントや手掛かりを得るために実施される。

三つ目は,（⑤ 　　　　　）の段階での市場調査である。開発する商品アイディアの魅力度や改善点を把握するために実施される。

2 市場調査のプロセス

教科書 p.49

Check!

市場調査は, 調査目的に基づき,（⑥ 　　　　　）,（⑦ 　　　　　）,（⑧ 　　　　　）,（⑨ 　　　　　）の順で進められる。

問題自体を発見したり, 商品のアイディアや開発のヒントを探索したりする目的で行われる調査を（⑩ 　　　　　）という。その際,（⑪ 　　　　　）のような消費者が意識している問題やニーズを収集したり, 消費者がはっきりとは意識していない（⑫ 　　　　　）のような情報を収集したりする。⑫を収集したい場合にはインタビュー法や観察法を用いる場合が多い。

一方,（⑬ 　　　　　）は, 明確化した商品アイディアやプロトタイプのパッケージや使用法などに関するさまざまな（⑭ 　　　　　）を検証する目的で行われる。一般には,⑭検証に必要な質問項目を掲載した（⑮ 　　　　　）を実施して, 数値情報を収集する場合が多い。

収集した情報は（⑯ 　　　　　）し, 調査目的に応じて（⑰ 　　　　　）を行う必要がある。調査結果は（⑱ 　　　　　）や（⑲ 　　　　　）でわかりやすく表現し, 担当者が議論しやすいように（⑳ 　　　　　）にまとめられる。

3 市場調査の方法

Check!

1）資料調査

　企業は調査に関連するさまざまな情報をインターネット，書籍，雑誌などの情報源から収集する（㉑　　　　　　　　）を実施する。ここで収集される情報は，別企業の目的に応じて収集された情報であり，（㉒　　　　　　　　）と呼ばれる。（㉒）は社外にある（㉓　　　　　　　　）と，社内に蓄積される（㉔　　　　　　　　）に分類される。

2）実態調査

　資料調査だけでは十分な情報が得られない場合，企業は目的とする情報を収集するために，企業独自に行う（㉕　　　　　　　　）を計画する。その際，商品アイディアを得るために消費者の深層心理を読み取りたい場合には（㉖　　　　　　　　）や（㉗　　　　　　　　）などの探索的な調査が実施され，明確化したアイディアについて仮説を確認したい場合には（㉘　　　　　　　　）などの検証的な調査が実施されることが多い。

〈1〉（㉙　　　　　　　　）…対象者へ直接質問を投げかけ回答してもらう調査手法。

　・（㉚　　　　　　　　）…個人へ質問を投げかけていく手法。

　・（㉛　　　　　　　　）…対象となる5〜10人ほどの消費者を一堂に集めて，テーマについての話し合いをする中で情報を聞き出していく手法。

〈2〉（㉜　　　　　　　　）…消費者を観察しありのままの状況や行動データを収集する手法。

　・（㉝　　　　　　　　）…消費者の日常的な行動の観察から情報を得ようとする調査。

　・（㉞　　　　　　　　）…対象者のグループに一定期間入り込み，行動を共にしながら対象者を観察する手法。

〈3〉（㉟　　　　　　　　）…仮説を検証するために数値によって，情報を収集する手法。

　・（㊱　　　　　　　　）…調査の目的や調査主体の情報などが明記されている表紙。

　・（㊲　　　　　　　　）…分析に必要な回答者の個人情報を記入し，属性を把握する。

〈4〉（㊳　　　　　　　　）…仮説を検証する中で，原因と結果の関係を明らかにするために実施される調査手法。原因となる要因を（㊴　　　　　　　　），結果となる要因を（㊵　　　　　　　　）という。

　・（㊶　　　　　　　　）…実際の売り場で行われる調査手法。

　・（㊷　　　　　　　　）…実験室で行われる調査手法。

〈5〉新しい調査法…最新の機械装置を活用した調査手法。

　・（㊸　　　　　　　　）…実験参加者の視線の動きを測定できる眼鏡をつけてもらい，視線の動きを数値化，分析する調査手法。

　この他，脳波や血流，心拍数を測る装置を使い，生理的反応を収集する調査手法もある。

▶Step 問題

1 次の(1)〜(5)に最も関係の深いものを解答群から選び，記号で答えなさい。

(1) 消費者がはっきりとは認識していないニーズ

(2) 消費者が意識しているニーズ

(3) 商品開発そのものを実行に移すかどうかを決定するための市場調査が行われる段階

(4) 開発する商品についてヒントや手掛かりを得るための市場調査が行われる段階

(5) 開発する商品アイディアの魅力度や改善点を把握するための市場調査が行われる段階

【解答群】

ア．商品開発の意思決定の段階　　**イ**．アイディア評価の段階

ウ．アイディア創出の段階　　**エ**．顕在ニーズ　　**オ**．潜在ニーズ

(1)		(2)		(3)		(4)		(5)	

2 市場調査のプロセスにおいて，次の(1)〜(5)はどのような順番で進められるか。その順番を記号で答えなさい。

(1) 調査の実行（アンケート票へ記入してもらう）

(2) 調査目的の設定（辛い食品は夏でも売れるか）

(3) 調査結果の提示（売れる見込みがついたので，商品開発に取り組むことを公表）

(4) 調査手法の選択（消費者にではなく，一般社員にアンケート調査することにした）

(5) 情報の分析と解釈（汗はかきたくないが，辛みはやみつきになるとの意見が目立つ）

( ) → ( ) → ( ) → ( ) → ( )

3 次の(1)〜(5)のうち，条件にあてはまるものにはAを，それ以外にはBを書きなさい。

●条件　ある食品メーカーの市場調査における内部資料

(1) 業界団体の調査報告書（自社が加盟する業界団体全体の売上高と利用客数の推移）

(2) 自社の顧客の調査報告書（自社が独自に行った商品別の顧客満足度の調査）

(3) POS情報などの販売実績（大手コンビニから入手した，性別，年齢別の購入者数）

(4) 国が行う統計資料（都道府県別の商品の購入量を掲載した家計調査）

(5) 事業計画書（自社で作成した，ヒト・モノ・カネなどの見込みをまとめたもの）

(1)		(2)		(3)		(4)		(5)	

4 下の図は資料調査で使われる資料の一部を示したものである。(1)～(5)に当てはまる具体例をそれぞれ一つずつ書きなさい。

	資料の種類	具体例
内部資料	経営資料	(1)
	販売・営業資料	(2)
	顧客情報	顧客情報データベース
外部資料	官公庁資料	国民生活白書などの白書類
	市販の出版物	(3)
	業界や専門家向け出版物	(4)
	インターネットのWebサイト	(5)

5 市場調査において，次の各文の下線部が正しい場合は〇を，誤っている場合は正しい語句を書きなさい。

(1) 自社が情報の出どころになっている，独創性のあるデータを1次データという。

(2) インタビュー法のうち，5～10人ほどの消費者を一同に集め，テーマについて話し合いをする中で情報を聞き出していく手法は，デプス・インタビューという。

(3) 観察法のうち，行動を共にしながら対象者を観察する方法は，参与観察という。

(4) 実験のうち，原因となる要因のことを従属変数といい，これに基づいて結果を得られることになる。

(5) 社内に日々蓄積される生産，出荷，在庫に関する資料は，外部資料という。

(1)		(2)			
(3)		(4)		(5)	

6 教科書p.55のコラムを読んで，アイトラッキング調査が定量調査に向いている理由を60文字程度で説明しなさい。

7 下図は市場調査のプロセスを示したものである。図中の(1)～(5)に入る用語を答えなさい。

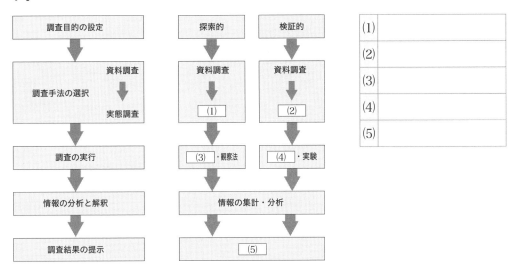

(1)	
(2)	
(3)	
(4)	
(5)	

8 下図はアンケートの一例を示したものである。図の中に「調査主旨」，「フェイスシート」，「質問項目」を丸で囲んで矢印をつけ，それぞれの特徴を30字程度で説明しなさい。

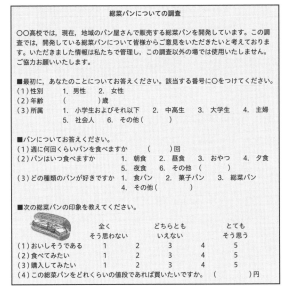

③節 商品コンセプトの策定

教科書 p.56〜60

要点整理

正答数 　／30問

教科書の内容についてまとめた次の文章の（　　）にあてはまる語句を書きなさい。

1 商品コンセプトとは

教科書 p.56

Check!

開発する商品の価値や特徴を，消費者にわかりやすい簡潔な言葉，イラストなどで表現したものを（①　　　　　　　　　　　）という。

（①）は開発する商品を誰が使うのか（（②　　　　　　　　　　）），どのように役に立つのか（（③　　　　　　　　　）），どのような場面で使うのか（（④　　　　　　　　））の3点で構成される。

商品開発には，消費者が欲しがるものを作ろうする（⑤　　　　　　　　　　　）と，企業が作りたいものを作ろうとする（⑥　　　　　　　　　　）の二つの考え方がある。現在の商品開発は，消費者の困りごとを解決する考え方の（⑤）が主流になっている。

2 アイディアの出し方

教科書 p.57〜59

Check!

1）発想法

新しい商品コンセプトを策定するためには，まず多くの商品アイディアを考え出すことが必要である。発想方法の一つに（⑦　　　　　　　　　　　　）がある。これは5〜6人くらいのメンバーがテーマについて常識や商品化の可能性などにとらわれず，思いついたアイディアを自由に出し合う方法である。

（⑦）を行う時には以下の四つのルールを守ることが大切である。

① （⑧　　　　　　　　　）…テーマと関連がなさそうな奇抜なアイディアも歓迎する。

② （⑨　　　　　　　　　）…出てきたアイディアはすべていったん好意的に受け止める。

③ （⑩　　　　　　　　　）…できる限りたくさんのアイディアを出してもらう。

④ （⑪　　　　　　　　　）…他人のアイディアを組み合わせたり，改案したりする。

2）水平思考

（⑦）でアイディアが出尽くしたときは，いったん休憩をとるクールダウンをするとよい。また，あらためて新しいアイディアを考える時に役立つのが（⑫　　　　　　　　）である。（⑫）の一例として，以下の頭文字をまとめたSCAMPERというものがある。既存のアイディアについて一つずつ当てはめて考え，新しいアイディアを生み出していく。

S（⑬　　　　　　　），C（⑭　　　　　　　　），A（⑮　　　　　　　　　），M（⑯　　　　　　　　），

P（⑰　　　　　　　），E（⑱　　　　　　　　），R（⑲　　　　　　　）

3）KJ法

ブレーンストーミングで生み出された商品アイディアを整理分類する方法の一つに，文化人類学者の川喜田二郎氏が考案した(⑳　　　　　　)がある。(⑳)のアイディアのまとめ方は次の通りである。

① テーマを決める。

② 思いついたアイディアを(㉑　　　　　)などに書き込む。

③ 全員のアイディアを模造紙やホワイトボードに並べ，同じような内容の(㉑)を集めて(㉒　　　　　　)を作る。

④ (㉒)同士の関係を図示したり，(㉓　　　　　　)を付けたりして，全員でアイディアの方向性を共有する。

3 ポジショニング・マップ

教科書 p.60

(㉔　　　　　　　　　　　)は競合企業の商品との(㉕　　　　　　)や，(㉖　　　　　　)を整理する際に用いる。

(㉔)とは，縦軸と横軸にそれぞれ商品に関連した(㉗　　　　　　)を設定して図式化したグラフである。軸の両端は相反する項目にして，この中に既存商品を書き込むことで，既存商品の特性を視覚的に捉えることができる。

できあがった(㉔)にKJ法でグループ化したタイトルを書き加えると，既存商品との関係が理解できる。新規性や(㉘　　　　　　)に着目して，アイディアを取捨選択する。これを(㉙　　　　　　)という。この段階のアイディアが消費者に受け入れられるかは，(㉚　　　　　　)で検証する。

▶Step 問題

正答数　　／20問

1 次の(1)～(5)に最も関係の深いものを解答群から選び，記号で答えなさい。

【解答群】

(1) 商品コンセプトにおいて，どのような場面で使うのか。　　**ア**．マーケット・イン

(2) 商品コンセプトにおいて，誰が使うのか。　　**イ**．プロダクト・アウト

(3) 商品コンセプトにおいて，どのような役に立つのか。　　**ウ**．ターゲット

(4) 企業が作りたいものを商品化しようという考え方。　　**エ**．シーン

(5) 消費者が欲しがるものを商品化しようという考え方。　　**オ**．ベネフィット

(1)		(2)		(3)		(4)		(5)	

Check!

2 次の(1)～(5)の ☐ に当てはまるものを解答群から選び，記号で答えなさい。

　　新しい商品コンセプトを策定するための発想法の一つに (1) がある。5～6人くらいがグループになり，テーマと関連なさそうな奇抜なアイディアも歓迎する (2) ，出てきたアイディアはすべていったん好意的に受け止める (3) ，できる限りたくさんのアイディアを出してもらう (4) ，他人のアイディアを組み合わせたり，改案したりする (5) のルールに従って，新しく思いついたアイディアを新たに付箋などに書いていく。

【解答群】　ア．質より量　　イ．ブレーンストーミング　　ウ．批判禁止

　　　　　　エ．自由奔放　　オ．結合発展

(1)		(2)		(3)		(4)		(5)	

3 水平思考のSCAMPERにおいて，次の(1)～(5)に最も関係の深いものを解答群から選び，記号で答えなさい。

(1)　シャンプー，顔剃りをやめた理髪店の整髪サービス

(2)　低料金で，夜だけミートを2倍にできるハンバーガーチェーンのサービス

(3)　飲食店の出前を余暇時間のある配達員に外注するフードデリバリーサービス

(4)　売る側の店員ではなく，買う側の消費者が精算するセルフレジ

(5)　紙の代わりに電子データを販売することで，持ち運びが便利になった電子書籍

【解答群】

ア．代用(S)　　イ．結合(C)　　ウ．応用(A)　　エ．修正／拡大(M)　　オ．転用(P)

カ．削除／削減(E)　　キ．逆転／再編集(R)

(1)		(2)		(3)		(4)		(5)	

4 商品コンセプトの策定の手順として，次の(1)～(5)に関係のあるものを解答群から選び，記号で答えなさい。

【解答群】

(1)新しい商品コンセプトのアイディアを出し合う。　　ア．ポジショニング・マップ

(2)アイディアをグループごとに整理整頓する。　　イ．コンセプトテスト

(3)競合企業との類似点や相違点を整理する。　　ウ．KJ法

(4)アイディアを取捨選択して絞り込む。　　エ．ブレーンストーミング

(5)アイディアと消費者ニーズの合致度を調査する。　　オ．アイディア・スクリーニング

(1)		(2)		(3)		(4)		(5)	

4節 商品企画の提案

教科書 p.61〜62

● 要点整理

正答数 ／15問

教科書の内容についてまとめた次の文章の（　）にあてはまる語句を書きなさい。

1 商品企画書の内容

教科書 p.61

Check!

市場調査の結果や商品アイディアをまとめた，企画の承認を得るための社内向けの提案資料を（① 　　　　　　　　）と呼ぶ。

（①）には，アイディア・スクリーニングで絞り込まれた（② 　　　　　　　　）と，仮決めした（③ 　　　　　　），商品コンセプトの三要素（④ 　　　　　　　），（⑤ 　　　　　　　），（⑥ 　　　　　　），消費者の心の中に響くような印象的な宣伝文句である（⑦ 　　　　　　　），商品イメージ，市場調査の要点，ポジショニング・マップで検討した（⑧ 　　　　　　　）の情報などを整理して簡潔にまとめる。

2 プレゼンテーションの実施

教科書 p.62

Check!

商品化するためには，社内の商品開発会議において商品開発を進めるかを決める（⑨ 　　　　　　　　　）を行い，商品化の決定権を持つ責任者に企画した商品の魅力や特徴を説明して承認をもらう（⑩ 　　　　　　　　）を行う必要がある。

（⑩）を成功させるために大切なのは，企画の魅力や特徴を（⑪ 　　　　　　）してもらうこと，発表のために与えられた（⑫ 　　　　　　）を守ること，自分が企画した商品に対する（⑬ 　　　　　　）を伝えることである。（⑬）を伝えるために，（⑭ 　　　　　　　　）や身振り手振りの（⑮ 　　　　　　　）を聞き手に対して行うのが大切である。

▶Step問題

正答数 ／5問

1 プレゼンテーションにおいて次の(1)〜(5)のうち，企画の魅力や特徴を理解してもらうために必要なことにはAを，発表のために与えられた時間を守るために必要なことにはBを，企画した商品に対する熱意を伝えるために必要なことにはCを書きなさい。

(1) 聞き手に視線を合わせて意思疎通を図るアイコンタクト

(2) 想定される質問への回答を事前に用意

(3) 起承転結を考えたシナリオ　　　(4) 身振り手振りなどのジェスチャー

(5) 商品コンセプトをもとに作られた試作品であるプロトタイプ

(1)		(2)		(3)		(4)		(5)	

1 あなたの住んでいる地域の特産品について書き出してみよう。

---

2 ①であげた特産品の新商品を考えると仮定し，マクロ環境の分析であるPEST分析を行い商品開発に影響を与える要因を考えてみよう。

・政治的要因…

・経済的要因…

・社会的要因…

・技術的要因…

---

3 新商品開発に協力してくれそうな地域の企業を調査し，書き出してみよう。また，その企業についてミクロ環境を３Ｃ分析で考えてみよう。

・協力企業…

・顧　　客…

・自　　社…

・競合企業…

---

4 SWOT分析を行い，得られた情報を整理して商品開発の方針について考えてみよう。

	プラス要因	マイナス要因
内部環境		
外部環境		

1回目□
2回目□

(1) 社会の変化から有望な機会を特定したり，自社が直面している問題を理解する目的で，市場や企業が置かれている環境を分析すること。（　　　　　）

□(2) 企業によるコントロールが難しい環境。（　　　　　）

□(3) 企業によるコントロールが比較的容易で直接的な影響を受ける環境。（　　　　　）

□(4) 企業活動において法律や慣習に従うこと。（　　　　　）

□(5) 創業者の思いや企業の存在意義が示されたもの。（　　　　　）

□(6) 長期的な視点に立って企業が達成すべき目標を示したもの。（　　　　　）

□(7) 市場を細かく切り分け，自社の標的市場を選定し，ニーズに対応して競合企業とは異なるイメージの植え付けを行うマーケティング手法のこと。（　　　　　）

□(8) 商品開発に関する意思決定に必要な情報を集め，分析するための一連の作業のこと。（　　　　　）

□(9) 人の気持ちや考え，行動特性といった，数値では表せない定性情報をインタビューや観察で収集し，分析する調査手法。（　　　　　）

□(10) 集められたデータを数値や量で捉え，統計的に集計・分析する調査手法。（　　　　　）

□(11) 開発する商品の価値や特徴を言葉やイラストでわかりやすく表現したもの。（　　　　　）

□(12) 商品を提供する予定の顧客のこと。（　　　　　）

□(13) 商品を提供して，顧客が得られる便益のこと。（　　　　　）

□(14) 顧客がその商品を使うであろう場面。（　　　　　）

□(15) 思いついたアイディアを自由に出し合う方法。（　　　　　）

□(16) 常識にとらわれず，さまざまな視点から物事を考えることで，新しいアイディアを生み出す方法。（　　　　　）

□(17) 縦軸と横軸に商品に関する要素を設定し，既存商品がグラフのどこにあるかを視覚的に捉えることができる図のこと。（　　　　　）

□(18) 商品アイディアと消費者のニーズが合致しているかの調査。（　　　　　）

□(19) 商品企画の承認を得るための提案資料。（　　　　　）

□(20) 権限を持つ責任者の承認を得るための説明。（　　　　　）

□(21) 相手と視線を合わせて意思疎通を図るノンバーバルコミュニケーションの一つ。（　　　　　）

□(22) 身振りや手振りなどのこと。（　　　　　）

▲アプリはこちらから

アプリでほかの問題にもチャレンジしてみよう！

1節 事業計画の概要

教科書 p.70

要点整理

正答数 ／12問

教科書の内容についてまとめた次の文章の（　）にあてはまる語句を書きなさい。

Check!

1 事業計画の目的

教科書 p.70

企画した商品を事業化させるためには，企業は（①　　　　　　）の立案を行う必要がある。新しく開発した商品を生産して販売する際には，新たな生産設備や広告の展開などの活動に（②　　　　　　）が必要になる。そこで，（①）では，見通しを数値で明示する。そうすることで（③　　　　　　）からの承認が得やすくなり，さらには，（④　　　　　　）からの資金の調達がしやすくなるという利点もある。

Check!

2 事業計画の手順

教科書 p.70

（①）の策定には次のような手順がある。初めに，商品の販売量予測に基づき，生産に必要な設備，人員，資材などの数量を策定する。これを（⑤　　　　　　）と呼ぶ。

次に，この計画を策定したら，商品の仕様や特徴をまとめた（⑥　　　　　　）を踏まえたうえで，（⑦　　　　　　），（⑧　　　　　　），（⑨　　　　　　）を策定する。なお，これら商品，価格，流通，プロモーションといった4つの要素の組み合わせをマーケティング・ミックスという。また，英単語の頭文字から（⑩　　　　　　）ともいい，いずれの要素も標的市場のニーズ，好み，行動の傾向などを考慮しながら組み合わせる。

最後に，（⑪　　　　　　）を策定する。そのうち，（⑫　　　　　　）は必要な資金をどのように得るか，収支計画はどれくらいの利益を見込めるかを策定する。

▶Step問題

正答数 ／5問

1 次の(1)～(5)の [　] にあてはまるものを解答群から選び，記号で答えなさい。

事業計画は以下のように策定する。まずは，商品の販売量予測に基づき，設備や人員，資材などについて [(1)] を策定したら，商品（Product），[(2)]，流通（Place），プロモーション（Promotion）について策定する。これらの要素の組み合わせを [(3)] という。また，英単語の頭文字をとり [(4)] ともいう。そして，最後に行われるのが [(5)] である。

【解答群】　ア．財務計画　　イ．価格（Price）　　ウ．4P　　エ．生産計画
　　　　　　オ．マーケティング・ミックス

(1)		(2)		(3)		(4)		(5)	

②節 価格計画

教科書 p.71〜74

● 要点整理

正答数　　／20問

教科書の内容についてまとめた次の文章の（　　）にあてはまる語句を書きなさい。

1 価格の考え方

教科書 p.71

Check!

「これを下回ると製造コストが回収できない価格」を（①　　　　　　　　　）といい，「これを上回ると消費者が支払いを拒否する価格」を（②　　　　　　　　　）という。

したがって，価格はこの間で設定される。なお，製造コストとは商品の製造に必要なコスト（費用）のことで，大きく（③　　　　　　　）と（④　　　　　　　）の二つに分けられる。（③）とは生産量に関わらず発生する費用を指し，（④）は生産量に応じて変化する費用を指す。

2 価格の設定方法

教科書 p.72

Check!

1）コストに基づく価格設定

一つの商品を製造する際に生じるコストを基に（⑤　　　　　　　）を算出し，目標とする利益を上乗せして，価格を設定する方法である。このような設定方法をコスト・プラス法または，（⑥　　　　　　　　　）という。

なお，（⑤）は次の式で求められる。（④）＋（（③）÷（⑦　　　　　　　　　　））

2）需要に基づく価格設定

生産者側に生じるコストではなく，顧客側がその商品に対して感じる価値を意味する（⑧　　　　　　　　）を基に価格を設定する方法である。したがって，（⑧）が高ければ，高めの価格設定をしても需要があることを意味しており，贅沢な気分を味わうことができる上質なアイスクリームは，この例にあたる。

3）競争に基づく価格設定

自社と競争関係にある（⑨　　　　　　　　　）の価格を注視しながら，自社商品の価格を設定する方法である。複数の企業が競争する中で，いずれかの企業が値下げに踏み切ると，これに連動して他社も値下げを行うことが多い。反対に，新たな付加価値を持つ高価格の商品を開発し，（⑨）と（⑩　　　　　　　　）する戦略をとる場合もある。これは，「他社の商品と違いを出すことで，価格が高くても買ってもらえるようにする」という意味を持つ。

3 商品ミックスを考慮した価格政策

教科書 p.73

Check!

1）ライニング価格

（⑪　　　　　　　　　）は，2〜3万円，1万円，5千円など，商品のランクに応じて，おおむねまとまった（⑫　　　　　　　　）で設定された価格のことである。

2）キャプティブ価格

（⑬　　　　　　　　　　　　　　）は，商品本体を割安にして，使用時に必要となる付随商品を割高にして設定された価格のことである。商品本体から得られる利益は少ないが，一度商品本体を売り上げさえすれば，何度も付随商品から利益を得られる仕組みになっている。

3）バンドリング価格

（⑭　　　　　　　　　　　　　　）は，複数の商品を組み合わせ，単品で購入したときに比べて安くなるように設定された価格のことである。こうすることで複数の商品の購入を促すことになり，全体の売上高も大きくなる。

4 新商品の価格政策

教科書 p.74

Check!

1）上澄吸収価格政策

（⑮　　　　　　　　　　　　　　）は，新商品に対して関心をもち，積極的に購入しようとする顧客層（上澄層）をターゲットとし，新商品に対して高価格を設定する手法である。なお，この手法による価格を（⑯　　　　　　　　　　　）ともいう。

　ところで，商品の価格の変動率に対して，その需要量がどれだけ変化するかの比率のことを（⑰　　　　　　　　　　　）というが，この値が小さく，価格を変更しても需要にあまり変化がない新商品の場合では，この価格政策は有効である。

2）市場浸透価格政策

（⑱　　　　　　　　　　　　　　）は，一般消費者をターゲットにし，新商品に対して低価格を設定する手法である。この手法による価格を（⑲　　　　　　　　　　　）ともいう。（⑰）の値が大きい商品で採用され，早期に高い（⑳　　　　　　　　　　　）が得られれば，大量生産による製造コストを削減できたり，商品に愛着をもつ消費者を増やしたりできる。

▶Step 問題

正答数　　　／17問

1 次の(1)～(5)に最も関係の深いものを解答群から選び，記号で答えなさい。

(1)　これを下回ると製造コストを回収できない価格

(2)　これを上回ると消費者が支払いを拒否する価格

(3)　商品が高品質であることを伝えるために，高めに設定された価格

(4)　あえてキリの悪い数字にして，お得感や割安感を訴求する価格

(5)　自動販売機で販売する缶コーヒーなど，業界内で慣習とされている価格

【解答群】ア. 慣習価格　　イ. 上限価格　　ウ. 下限価格　　エ. 威光価格　　オ. 端数価格

(1)		(2)		(3)		(4)		(5)	

2 次の各文の下線部が正しい場合は〇を，誤っている場合は正しい語句を書きなさい。

(1) キャプティブ価格は，選択を促したり，下位モデルの低額商品により上位モデルの高額商品を引き立たせたりする効果がある。

(2) 複数の商品を組み合わせて，総額が単品で購入する場合より安くなるように設定された価格をバンドリング価格という。

(3) 顧客価値に見合った価格を設定し，商品の購入を促すのが，競争に基づく価格設定である。

(4) 工場の地代や正社員の人件費のように，生産量の多い少ないに関わらずかかる費用は，固定費である。

(5) 威光価格は，あえてキリの悪い数字にすることでお得感や割安感を訴求できる。

(1)		(2)		(3)	
(4)		(5)			

3 次の(1)〜(5)のうち，条件にあてはまるものにはAを，それ以外にはBを書きなさい。

●条件　市場浸透価格政策

(1) 需要の価格弾力性が大きい新商品に有効である。

(2) 新商品に対して高価格を設定する。

(3) この手法による価格をスキミング価格ともいう。

(4) 類似商品との価格競争が始まる前に開発コストを回収できる。

(5) いち早く高い市場シェアを獲得しようとする手法である。

(1)		(2)		(3)		(4)		(5)	

4 教科書p.73の本文と事例を参考にして，(1)キャプティブ価格と(2)バンドリング価格の商品の例を挙げなさい。

(1) (　　　　　　　　　　　　　　　　　　　　　　　)

(2) (　　　　　　　　　　　　　　　　　　　　　　　)

3節 流通計画

教科書 p.75〜78

● 要点整理

正答数　　／12問

教科書の内容についてまとめた次の文章の（　　）にあてはまる語句を書きなさい。

今日の生産者と消費者を結びつける活動は流通と呼ばれ，ある商品が生産者から卸売業や小売業を経て消費者に行き渡るまでの過程を（① 　　　　　　　　）という。

なお，特定の経路に頼らず，商品の開発，生産，販売をすべて自社内で行う業態もあり，このようなアパレル企業のことを（② 　　　　　　　　）（SPA）という。

1 流通業の活動

Check!

教科書 p.76

流通業は，生産者と消費者を結びつける，次の三つの活動に分類される。

1）商流

生産者から商品を仕入れ，消費者に販売する売買の活動を（③ 　　　　　）という。その一連の流れでは，商品の（④ 　　　　　　）は生産者から消費者に移転することになる。

2）物流

商品の保管や輸送などを行う活動を（⑤ 　　　　　）という。その結果として，生産時期と消費時期を埋め合わせたり，生産地から消費地まで商品を移動させたりすることになる。

3）情報流

生産者から消費者の間で交わされる，情報の活動を（⑥ 　　　　　　　）という。その一連の流れでは，商品の取引を成立させるために，両者の条件や提案などもやり取りされる。

2 流通チャネル政策の種類と特徴

Check!

教科書 p.77〜78

生産者がどれほど強く流通業の活動を管理するかにより，次の三つに分けられる。

1）開放的チャネル政策

厳格な条件を課さず，なるべく多くの流通業に自社の商品を取り扱ってもらおうとする方法を（⑦ 　　　　　　　　　　）という。

2）選択的チャネル政策

一定の基準や条件を設け，それらを満たした流通業にのみ，自社の商品の取り扱いを認める方法を（⑧ 　　　　　　　　　　）という。

3）排他的チャネル政策

介在する流通業を厳しく制限する方法を（⑨ 　　　　　　　　　　）という。販売先は，生産者の運営する（⑩ 　　　　　　）や専属契約を結んだ（⑪ 　　　　　　　）に限定される。特定のメーカーが流通業との関係を強めることを（⑫ 　　　　　　　　　）という。

1 次の(1)〜(5)の隔たりの種類とその隔たりを埋めている活動として，商流にはAを，物流にはBを，情報流にはCを書きなさい。

(1) 価値的隔たり…生産者が売りたい価格と消費者が買いたい価格に，違いがあることから生じる隔たり。

(2) 空間的隔たり…生産地と消費地が異なることから生じる隔たり。

(3) 人的隔たり…生産者と消費者が別々である場合に生じる隔たり。

(4) 時間的隔たり…生産時期と消費時期が異なることから生じる隔たり。

(5) 情報的隔たり…生産者と消費者がお互いのことをわからないことから生じる隔たり。

(1)		(2)		(3)		(4)		(5)	

2 次の(1)〜(5)の　　　　にあてはまるものを解答群から選び，記号で答えなさい。

　生産者は，どのような流通チャネルで商品を販売するかを決定する。その際，生産者が流通業をどれほど強く管理するかで，次の三つに分けることができる。

　第一に　(1)　である。これは厳格な条件を課さず，多くの流通業に自社の商品を取り扱ってもらおうとする方法である。飲料や食品などの　(2)　で一般的に採用されている。

　第二に　(3)　である。これは一定の基準や条件を設け，それらを満たした流通業にのみ取り扱いを認める方法である。販売数を伸ばしながらも，高品質なイメージを維持することが重要な商品カテゴリーで用いられることが多い。

　第三に　(4)　である。これは流通チャネルに介在する流通業を厳しく制限する方法である。なお，特約店に販売する方法を特約チャネル政策ともいい，このように，特定の生産者が自社商品を販売するために流通業との関係を強めることを　(5)　という。

【解答群】　**ア**．流通系列化　　**イ**．最寄品　　**ウ**．排他的チャネル政策

　　　　　　エ．選択的チャネル政策　　**オ**．開放的チャネル政策

(1)		(2)		(3)		(4)		(5)	

3 教科書p.75の事例に登場するアパレル企業を参考にして，小売業のみから製造小売業(SPA)になったことのメリットをまとめなさい。🔍🖊

4節 プロモーション計画

● 要点整理

正答数 ／12問

教科書の内容についてまとめた次の文章の（　　）にあてはまる語句を書きなさい。

1 プロモーションの手法と特徴

教科書 p.79〜80

Check!

1）広告

テレビや新聞などの（①　　　　　　　　）（媒体）を用いて行われる。近年ではインターネットなどを媒体にしたものも盛んに展開されている。

2）セールス・プロモーション

（②　　　　　　　　　　　）は，クーポンなど商品の購入や使用のきっかけを流通業や消費者に提供する活動である。（③　　　　　　　　）やSPなどともいう。

3）販売員活動

（④　　　　　　　　　）は，人を通じて消費者にメッセージを伝達する活動である。

4）広報

（⑤　　　　　　　）は，企業が公衆（パブリック）に情報を広く知らせる活動の総称である。企業がテレビや新聞などの記者に向けて記事を（⑥　　　　　　　　　）として提供し，それを取り上げてもらう（⑦　　　　　　　　）は，その一例の活動である。

2 プロモーション・ミックスの策定

教科書 p.80

Check!

プロモーションの各活動を組み合わせることを（⑧　　　　　　　　　　　）という。その戦略には，販売員活動を流通業に展開する（⑨　　　　　　　　）と，広告により流通業からの引き合いを高める（⑩　　　　　　　）がある。

3 広告計画の立案と実行

教科書 p.81〜82

Check!

1）広告目標の設定

広告で解決すべき事業の課題を明確化し，解決に向けた広告目標の設定の段階である。

2）表現計画

何を訴えるのかという（⑪　　　　　　　　）と，それをどのようなコピー，音楽，タレントなどを用いて伝えるかという（⑫　　　　　　　）を検討し決定する段階である。

3）メディア計画

メッセージ内容をどの（①）で消費者に伝達するかを決定する段階である。

4）広告効果の測定

広告を展開してどのような効果をもたらしたか，広告効果の測定を実施する段階である。

1 次の各文の下線部が正しい場合は〇を，誤っている場合は正しい語句を書きなさい。

(1) プロモーションには主に広告，セールス・プロモーション，販売員活動，広報などの手法があるが，これらの組み合わせを<u>メディア・ミックス</u>という。

(2) <u>広告</u>の代表的な手法には，クーポン，増量パック，キャッシュ・バックなどがある。

(3) <u>広報</u>は，テレビや新聞が自らの意思で商品を取り上げるため，情報の客観性が増し，消費者から高い信頼を得ることができる。

(4) 消費者の需要を喚起する手法として，特定の分野で人々に信頼され，強い影響力を持つ<u>オピニオン・リーダー</u>に推奨してもらうことがある。

(5) 初めに消費者の需要を喚起し，これを起点に流通業からの引き合いを高める，広告に力点を置いた戦略を<u>プッシュ戦略</u>という。

(1)		(2)		(3)	
(4)		(5)			

2 次の(1)～(5)の ☐ にあてはまるものを解答群から選び，記号で答えなさい。

広告計画のプロセスは，次の四つの段階で示される。

・ (1) の設定…広告で解決すべき事業の課題を明確化し，解決のための目標を定める。

・ (2) …広告において，どのようなメッセージを訴えるかを決定する。「具体的に何を訴えるのか」という (3) と，コピー，音楽，タレントなどの表現要素について検討する。

・ (4) …メッセージ内容をどのようなメディアで消費者に伝達するかを決定する。

・ (5) の測定…商品の知名率，広告認知度，商品理解度などの測定を実施する。

【解答群】 **ア**．表現コンセプト **イ**．広告目標 **ウ**．広告効果 **エ**．メディア計画 **オ**．表現計画

(1)		(2)		(3)		(4)		(5)	

3 教科書p.79のコラムを参考にして，ソーシャル・ネットワーキング・サービスを媒体にした広告（SNS広告）のメリットをまとめなさい。💡🖊

5節 事業計画書の作成

教科書 p.83〜87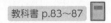

● 要点整理

正答数　　／23問

教科書の内容についてまとめた次の文章の（　　）にあてはまる語句を書きなさい。

原材料調達や設備配置などの（①　　　　　　　　），商品，価格，流通，プロモーションの各計画を組み合わせた（②　　　　　　　　　　　　）を策定したら，事業計画書として内容をまとめる。

1 事業計画書の目的

Check!

教科書 p.83

事業計画書は，社内や社外に向けたいくつかの目的がある。一つは社内の（③　　　　　　　　　　　）に対して，その商品の開発，製造，販売に関する説明を行うためである。

また，金融機関に対して（④　　　　　　　　）を依頼する際や，流通業などの取引先がその商品を扱ってもらえるようにするためである。

事業計画書には，決まった（⑤　　　　　　　）があるわけではない。簡潔なものから詳細なものまでさまざまである。重要なのは，事業計画書を通じて，その商品開発の成功への道筋について，読み手に理解してもらうことである。

2 事業計画書の内容

Check!

教科書 p.84〜86

事業計画書には，事業の名称と概要，市場環境（市場環境の変化と現状分析など）に加えて，次の1）〜5）を示す必要がある。

1）販売量の推計

まず，その商品の（⑥　　　　　　　　　　）の予測を行う。こうすることで特定の市場における商品の売上総額を把握できる。この算出には，国内の世帯数や，その商品が市場でどの程度行き渡っているかを示す（⑦　　　　　　　　），どれくらいの期間使用に耐えられるかを示す（⑧　　　　　　　）を利用する。

また，全体の（⑥）における，自社商品の（⑨　　　　　　　　　）を行う。これは，過去に得られた売上データから新商品の売上を予測して求めることになる。

2）生産計画

1）で得られた数字に基づき，生産規模を決める（⑩　　　　　　　　　）を示す。原材料とその納入業者の選定や，仕入量や仕入価格については（⑪　　　　　　　　）を示す必要がある。また，開発や生産の期日や進め方をまとめた（⑫　　　　　　　　　　），どのような組織体制で開発に取り組むかをまとめた（⑬　　　　　　　　）などについて示す。

3）マーケティング・ミックス

（②）とは，2）を計画通り進めていくため，これまでに立てた各計画を効果的に組み合わせていくことである。

具体的には，商品計画として新商品の仕様や特徴を述べたうえで競合商品との違いや商品が提供する顧客価値などについて示したり，（⑭　　　　　　　　　　）として設定する価格とその根拠などを示したり，流通計画としてどのような流通チャネルで提供するかなどを示したり，（⑮　　　　　　　　　　　）として広告やセールス・プロモーション，販売員活動，広報などを示したりする。

4）財務計画

1）から3）を踏まえ，（⑯　　　　　　　　　　）を立てる。（⑯）の基礎となる（⑰　　　　　　　　）では，目標とする売上高，目標達成に要する費用を計算する。その際，いくら売り上げれば費用の元が取れるかを知るために，（⑱　　　　　　　　　　）を実施する。

また，（⑲　　　　　　　　　　　　　）では，仕入代金やその他の費用の支払いなど，資金が必要となるタイミングを見積もり，調達先について計画する。

5）リスクと解決策

最後に，事業計画書のまとめとして，予想される（⑳　　　　　　　　）と解決策を示す。顧客のニーズの変化や，法規制の改正，景気変動などを把握しておきたい。

3 プレゼンテーションと発売後の検証　　　　　教科書 p.86

Check!

事業計画書が完成したら，（㉑　　　　　　　　　　）を社内の（③）や社外の取引先に対して行う。それが承認され，商品が発売された後に事業計画の検証として市場の評価などについて（㉒　　　　　　　　　）を行い，次の生産に繋げる。

4 優れた事業計画書の条件　　　　　教科書 p.87

Check!

1）簡潔性

必要な情報が端的かつ分かりやすく記述されているか。

2）具体性

必要な情報が詳細に示されているか。

3）現実性

実現可能なものか。自社にどれくらいの（㉓　　　　　　　　）があるか，商品を継続的に提供していくための知識やノウハウがあるかを常に考慮する。

4）整合性

記述内容が一つの方針や態度で貫かれているか。

1 次の(1)〜(5)に最も関係の深いものを解答群から選び，記号で答えなさい。

(1)　自社既存商品の全国売上とテスト地域の売上の占める比率を求め，新商品のテスト地域の市場テストの売上をその比率で割って算出する。

(2)　生産規模をどれくらいにするかを示す。その際には，仕入先や仕入量，開発や生産の期日や進め方，開発に取り組むための組織体制などを示す。

(3)　新商品の仕様や特徴を述べたうえで，流通チャネルの選択や販売価格の設定，商品の魅力を顧客に訴えるためのプロモーションなどを組み合わせて，具体的な計画を示す。

(4)　事業活動における資金の増減や，使い道に関する見通しを示す。その基礎として収支計画を示し，資金不足にならないようにどのタイミングでいくら必要か，必要資金・資金調達の計画を示す。

(5)　顧客ニーズの変化や予期せぬ競争相手の出現，法規制の改正，景気変動など，損失となりうる出来事の発生確率と影響の大きさを評価し，対応を考える。

【解答群】　ア．生産計画　　イ．販売量推計　　ウ．マーケティング・ミックス
　　　　　　エ．リスクと解決策　　オ．財務計画

(1)		(2)		(3)		(4)		(5)	

2 次の(1)〜(5)の　　　にあてはまるものを解答群から選び，記号で答えなさい。

事業計画書は，以下に示す条件を満たすことで，説得力が増し，読みやすくなる。

第一に，　(1)　である。これは，必要な情報が端的かつわかりやすく記述されているとかということである。無駄に長い記述は避けた方が良い。

第二に，　(2)　である。事業計画が詳細に示されているか，あいまいな表現は避け，できる限り数値を用いることが有効である。

第三に，　(3)　である。自社にどれくらいの生産能力があるのか，商品を継続的に提供していくための知識や　(4)　を持っているのかなどを常に考慮する必要がある。

第四に，　(5)　である。生産計画，マーケティング・ミックス，財務計画などの必要情報がもれなく記載され，それらの項目が最初から最後まで，一つの方針や態度で貫かれていることが求められる。

【解答群】　ア．ノウハウ　　イ．整合性　　ウ．具体性　　エ．現実性　　オ．簡潔性

(1)		(2)		(3)		(4)		(5)	

3 次の(1)～(5)のうち，条件にあてはまるものにはAを，それ以外にはBを書きなさい。

●条件　発売後の検証

(1) 顧客ニーズの変化や法規制の改正など，発生確率と影響の大きさを事前に考慮して，予想されるリスクと解決策を盛り込む。

(2) メッセージを訴求できるよう，SNSを活用して，利用者の居住地，性別，趣味，大まかな職業などを登録してもらう。

(3) 商品に対する反応や助言といった市場の評価などのフィードバックをもとに，次の生産に繋げるようにする。

(4) 数値に基づいて，事業の課題を客観的に把握し，早期に事業計画を修正できるようにする。

(5) 売上目標を達成することができたか，もしできていない場合，どこに問題があったかを特定する。

(1)		(2)		(3)		(4)		(5)	

4 次の一連の事例について，市場規模と1年間の販売量の推計(個数)を求めなさい。

(1) 市場規模　　A国の世帯数　4千万世帯

　　　　　　　商品の普及率と耐用年数　ほぼ100％，8年

(2) 1年間の販売量の推計　　A国のB地方における世帯数の割合　10％

　　　　　　　　　　　　　新商品の市場テストによる販売量　30万個

5 次の事例Aと事例Bの損益分岐点を比較した場合，利益に転じる販売個数が少ないのはどちらかを説明しなさい。

【事例A】固定費　500万円，変動費　1個あたり2万円，販売価格　4万円

【事例B】固定費　450万円，変動費　1個あたり3.5万円，販売価格　5万円

1 話題になっているアニメの登場人物を題材にしたスナック菓子を開発した場合，あなたはどのような価格政策をとるかを書き出してみよう。

2 上記の新商品で間接流通を採用する場合，あなたはどのような流通チャネル政策をとるかを書き出してみよう。

3 上記の新商品をプロモーションする場合，あなたはどのような手法を組み合わせるかを書き出してみよう。

4 上記の新商品には，今後どのようなリスクがあるかを書き出してみよう。

1回目 □
2回目 □ (1)　商品の販売量予測に基づいて，どれくらいの原材料を調達し，どのような設備，人員，資材を用いてどれくらい生産するかを決定する計画。

（　　　　　　）

□ (2)　これを上回ると消費者の需要が生まれない価格。（　　　　　　）

□ (3)　製造原価に目標とする利益を上乗せして価格を設定する方法。

（　　　　　　）

□ (4)　おおむねまとまった価格帯ごとに設定した価格。（　　　　　　）

□ (5)　商品本体を割安にし，使用時に必要とされる付随商品を割高にする価格。

（　　　　　　）

□ (6)　複数の商品を組み合わせ，単品で購入したときより安くなるように設定した価格。（　　　　　　）

□ (7)　上澄層をターゲットとして，早期に開発コストを回収できるよう新商品に対して高価格を設定する手法。

（　　　　　　）

□ (8)　一般消費者をターゲットとし，低価格を設定することで，高い市場シェアをいち早く獲得しようとする手法。

（　　　　　　）

□ (9)　商品が生産者から卸売業や小売業といった流通業を経て，消費者に行き渡るまでの過程。（　　　　　　）

□ (10)　商品の開発，生産，販売のすべてを自社内で行う業態を採用しているアパレル企業のこと。（　　　　　　）

□ (11)　商品の保管や輸送などを行う活動。

（　　　　　　）

□ (12)　一定の基準や条件を設け，それらを満たした流通業にのみ，自社商品の取り扱いを認める方法。

（　　　　　　）

□ (13)　流通チャネルに介在する流通業を厳しく制限する方法。

（　　　　　　）

□ (14)　広告，セールス・プロモーション，販売員活動，広報などのプロモーションの手段を組み合わせること。

（　　　　　　）

□ (15)　テレビや新聞などの記者に新商品のニュースをプレスリリースとして提供し，各メディアで取り上げてもらうこと。（　　　　　　）

□ (16)　生産者が流通業に対して，自社商品を積極的に販売してもらうよう働きかける戦略。（　　　　　　）

□ (17)　財務計画の基礎となる，目標とする売上高と目標達成に要する費用の計画。（　　　　　　）

□ (18)　販売数量が，これより下回ると損失，上回ると利益が発生する境界のこと。

（　　　　　　）

3章
事業計画の立案

▲アプリはこちらから

アプリでほかの問題にもチャレンジしてみよう！

1節 商品仕様と詳細設計

教科書 p.98～101

要点整理

正答数 ／12問

教科書の内容についてまとめた次の文章の（　）にあてはまる語句を書きなさい。

1 商品仕様

教科書 p.98～99

Check!

1）商品コンセプトと商品仕様

商品コンセプトとは，開発する商品の価値や特徴を，消費者にわかりやすい簡潔な言葉とイラストで表現したものであり，商品を提供する予定の顧客である（①　　　　　　　　）と，顧客が役立つことで得られる（②　　　　　　　　　），顧客が使用する場面を想定する（③　　　　　　　　）の三つで構成される。それらを具体化するためには，（④　　　　　　　）が必要になる。これは，商品企画部門が商品の構成要素ごとの数値目標を設定したものである。

2）商品仕様の項目と基準

（④）の項目の設定にあたっては，消費者が商品を評価したり，選択したりする際に重視する点を盛り込む。項目を設定したら，達成すべき目標となる基準を数値で表す。項目の優先順位は実現したい商品コンセプトや時代によっても異なるので，（⑤　　　　　　　　）の変化を捉えながら，（④）の項目と基準を考えていく。

2 詳細設計

教科書 p.100～101

Check!

（⑥　　　　　　　　　）が，実際に商品を製造できるようにまとめたものが詳細設計である。使用する素材や（⑦　　　　　　），形状や構造，（⑧　　　　　　　　）などを具体的に記載したものである。

1）商品の種類と詳細設計

〈1〉耐久消費財

自動車や家電品などに代表される，（⑨　　　　　　　　）にわたって使用される商品。

〈2〉非耐久消費財

菓子や飲料，化粧品などに代表される，（⑩　　　　　　　　）での使用を想定した商品。

〈3〉サービス

有形財と比較して品質管理が難しいので，詳細設計書を（⑪　　　　　　　）として活用するとよい無形財の商品。

〈4〉コンテンツ

（⑫　　　　　　　）やコミック，小説，映像，音楽など，楽しむことや活用することを目的にした商品。

1 次の⑴～⑸の□□□にあてはまるものを解答群から選び，記号で答えなさい。

　商品開発は商品コンセプトを出発点として進める。これは，開発する商品の価値や特徴を消費者にわかりやすい簡潔な言葉，イラストなどで表現したもので，誰が使うのか（　⑴　），どのような役に立つのか（　⑵　），どのような場面で使うのか（　⑶　）の三つを盛り込んで表現されるものであり，主に　⑷　において作成する。

　これらを具体化するためには，商品の大きさや重さなど，　⑸　も必要となる。こうした商品を構成する要素に対し，個別の数値目標を設定して検討していくことになる。

【解答群】　**ア**．シーン　　　**イ**．ベネフィット　　　**ウ**．ターゲット　　　**エ**．商品仕様
　　　　　　オ．商品企画部門

⑴		⑵		⑶		⑷		⑸	

2 次の⑴～⑸に最も関係の深いものを解答群から選び，記号で答えなさい。

⑴　詳細設計による差別化が難しく，商品のライフサイクルが短い，ドラッグストアやコンビニエンスストアなどで売られている商品。

⑵　ゲームやコミック，小説，映像，音楽など，楽しんだり，活用したりすることを目的にした商品のうち，データに変換できるもの。

⑶　実際に商品を製造できるようにまとめた，詳細設計を作成する部門。

⑷　開発が長期間にわたり，投資金額や開発に関わる人数が多い商品。開発には高度な技術が必要で，詳細設計の項目や基準が多岐にわたり，初期段階で細かく設定されるもの。

⑸　無形財の商品の品質管理をするために作成される，一通りの手順を示した手引書。

【解答群】　**ア**．マニュアル　　　**イ**．耐久消費財　　　**ウ**．生産管理部門
　　　　　　エ．非耐久消費財　　　**オ**．デジタルコンテンツ

⑴		⑵		⑶		⑷		⑸	

3 教科書p.99の事例とp.100の本文を参考にして，商品仕様の項目の設定と詳細設計の違いは何かを記述しなさい。 💡 ✏️

②節 プロトタイプ

教科書 p.102〜107

● 要点整理

正答数　　／27問

教科書の内容についてまとめた次の文章の（　　）にあてはまる語句を書きなさい。

Check!

1 プロトタイプの作成

教科書 p.102〜104

商品コンセプトをもとに作る（①　　　　　　　　）のことをプロトタイプという。開発チームがどのような商品を作ろうとしているかを共有し，商品の魅力や問題点の発見に役立つ。

1）プロトタイプの種類と目的

プロトタイプの種類	プロトタイプの目的	プロトタイプの作成者・時期
（②　　　　　　）	（③　　　　　　　）を試作することで，開発メンバー間での商品コンセプトの理解などを促進する。	（④　　　　　　）部門の開発メンバーが，商品開発をする際の初期段階で，身近なものですばやく作る。
（⑤　　　　　　）	商品コンセプトが実現できているか，何を改善していくべきかといった改良と確認をする。	（④）部門の開発メンバーが，商品開発をする初期の段階で，実験室や研究室などにある機械や装置を使って作る。
（⑥　　　　　　）	（⑦　　　　　　）を考慮に入れながら，商品コンセプトの実現をする。	（④）部門の開発メンバーが，商品開発をする際の初期段階で，テスト的に作る小規模な実験工場を意味する（⑧　　　　　　）で作る。

2）商品の種類とプロトタイプ

〈1〉耐久消費財

商品のデザインや外観を検討することを目的に，粘土を使用して実寸サイズで模型として作成される（⑨　　　　　　　　）や，頭の中のイメージでできた外観を形にすることを目的にした（⑩　　　　　　　）などがある。

なお，動かないものを（⑪　　　　　　　），動くものを（⑫　　　　　　　）という。後者は，機能や動きの確認を行うことを目的に作成される。

〈2〉非耐久消費財

研究室で作成される（⑤）や，生産工程で品質を確認する（⑥）が行われる。

〈3〉サービス

開発者が顧客とサービスの提供者を演じる（⑬　　　　　　　　　）を行う。両

方を演じることで，サービスの流れを確認し，改善点を探ることができる。

また，ポスターや，小冊子である(⑭　　　　　　　　　)，映像などでサービスをまとめることで，プロトタイプとして活用する方法もある。

〈4〉コンテンツ

例えば，スマートフォンアプリの開発では，使う人から見える部分だけを作成し，使い勝手や使い方の流れのイメージをプロトタイプとして作成することになるが，紙や付箋を使って画面の流れを確認する(⑮　　　　　　　　　　)や，英語の頭文字から(⑯　　　　　　)と呼ばれるプロトタイプ作成専用のプログラムもある。

4 章
商品の開発

2 プロトタイプの評価と改善

商品開発では，プロトタイプが商品コンセプト通りに完成しているかをテストし，必要に応じて改善していくことが大切である。商品の(⑰　　　　　　　　)をパフォーマンスといい，商品コンセプトに照らして目標とするパフォーマンスが実現できているかをテストする。これをコンセプトとパフォーマンスの頭文字から(⑱　　　　　　　　　)という。

その他にも，パフォーマンスを評価するテストには，食品の場合であれば味の完成度を評価する(⑲　　　　　　　　)や，機械や装置の場合であれば商品が指示通りに動くかを確認する(⑳　　　　　　)などがある。

1）プロトタイプの活用による評価と改善

段階	テスト名	テストの対象者
第一段階	(㉑　　　　　　)	開発スタッフ，または開発スタッフではない社内スタッフ。
第二段階	(㉒　　　　　　)	想定される顧客。
第三段階	(㉓　　　　　　)	限定した地域の顧客。

2）評価の目的と種類

プロトタイプを活用した評価には，改善のための(③)を探る目的と，商品コンセプトの実現度合いや品質が一定のレベルで達成されているかを検証する目的がある。前者の目的の調査には，想定した顧客に家で実際に使ってもらう(㉔　　　　　　　　　)や，インタビューを行う(㉕　　　　　　　)を実施する。また，後者の目的の調査には，アンケートを用いて数値情報を比較・分析する(㉖　　　　　　　　)を行うことが多い。

○ Feature 市場への導入

(㉗　　　　　　　　)とは，開発者の手を離れ，販売に関わる人や企業へバトンタッチがされ，消費者の手に届くまでの一連のプロセスである。

1 次の各文の下線部が正しい場合は○を，誤っている場合は正しい語句を書きなさい。

(1) デザインや外観を検討するために，実寸サイズで模型として作成される，粘土を使用したラフモデルと呼ばれるプロトタイプがある。

(2) モックアップは実際に稼働するプロトタイプで，機能や動きの確認を行うことを目的にして作られたものである。

(3) アクティングアウトとは，開発するサービスをそれぞれの役割に分けて寸劇的に演じることで，改善点のヒントを発見する方法である。

(4) 非耐久消費財は，商品コンセプトを実現できるよう，食品の場合なら研究室などで実験による試作を行い，あるいは，生産工程で目標とする品質が実現できるかをチェックするための試作を行う。

(5) スマートフォンのアプリとして利用されるデジタルコンテンツの開発においては，紙や付箋を使って画面の流れを書き出して確認するMVP（Minimum Viable Product）が活用されている。

(1)		(2)		(3)	
(4)		(5)			

2 次の(1)～(5)のうち，条件にあてはまるものにはAを，それ以外にはBを書きなさい。

●条件　ラピッドプロトタイプ

(1) ２次元の設計データをもとに，立体のモデルを製作できる３Dプリンタなどを使用することがあるプロトタイプである。

(2) 大規模な工場での生産を実施する前に，小規模の実験工場(パイロットプラント)でテスト的に作ることが多いプロトタイプである。

(3) 工場での生産方法を考慮に入れながら，商品コンセプトが実現できているかを目的にして行うプロトタイプである。

(4) 開発の初期段階でアイディアを試作することで，開発メンバー間での商品コンセプトの理解や新しいアイディアの発見などを促進するプロトタイプである。

(5) すばやくいったん形にするので，プロトタイプそのものの製作時間を短縮できるプロトタイプである。

(1)		(2)		(3)		(4)		(5)	

3 次の(1)〜(5)の □ にあてはまるものを解答群から選び，記号で答えなさい。

　プロトタイプを活用して評価するために，段階を踏んで次のテストを行う。

　第一段階では (1) である。これは (2) のみならず，それ以外の社員に実際に試用してもらうなどして意見を集める方法である。

　この第一段階で手応えを得たら，第二段階として (3) を行う。想定される顧客を集めて実際に試用してもらうのである。

　最後に，第三段階として (4) を行う。発売するエリアを限定して試験的に売れ行きを確認し，予定通りの売り上げが確保できた段階で， (5) や広告投資を行う。なお，このテストは，テスト・マーケティングとも呼ばれている。

【解答群】　**ア**．社内テスト　　**イ**．市場テスト　　**ウ**．全国販売　　**エ**．開発スタッフ

　　　　　　オ．消費者テスト

(1)		(2)		(3)		(4)		(5)	

4 次の(1)〜(5)に最も関係の深いものを解答群から選び，記号で答えなさい。

(1)　調査対象者の家で普段の環境で使ってもらうことで，できるだけ実際に近い評価をしてもらう調査方法。

(2)　調査対象者とインタビュー担当者が1対1で話をすることで，他の人を意識せずに調査対象者の考えや思いを引き出す調査方法。

(3)　コンセプトパフォーマンステストの略で，開発にあたり，設定された商品コンセプトを商品が実現できているかを確認するためのテスト。

(4)　定性調査に対する用語で，調査対象者から得た数値情報を比較・分析する調査方法。

(5)　個人への質問ではなく，数人程度のグループでインタビューを行う調査方法。

【解答群】　**ア**．デプス・インタビュー　　**イ**．定量調査　　**ウ**．ホームユーステスト

　　　　　　エ．C/Pテスト　　**オ**．フォーカス・グループ・インタビュー

(1)		(2)		(3)		(4)		(5)	

5 教科書p.104のコラムを参考にして，プロトタイプを活用して評価するテストにはどのようなものがあるか，発売にあたっての流れにしたがって順番に記述しなさい。

3節 商品とデザイン

教科書 p.108〜129

● 要点整理

正答数　／68問

教科書の内容についてまとめた次の文章の（　　）にあてはまる語句を書きなさい。

Check!

1 デザインの役割

教科書 p.108〜109

1）商品価値を作る役割

商品価値には（①　　　　　　　）と（②　　　　　　　）があり，デザインはその両方の価値を作る役割を担っている。

〈1〉機能的価値の実現

（①）にはその商品を使うにあたって，最低限必要な機能に関する（③　　　　　　　）と，よりよい使いやすさを実現するための（④　　　　　　　）の二つがある。

〈2〉情緒的価値の実現

（②）には，その商品を使うことで「うれしい気持ち」や「楽しい気持ち」にさせるなど，感覚に訴える価値としての（⑤　　　　　　　）と，商品が持つ歴史や物語を共感することで得られる価値としての（⑥　　　　　　　）の二つがある。

2）ブランドを作る役割

デザインを通じて商品価値が作られると，それらが消費者にブランドとして浸透する。その際，消費者とブランドとの接点を（⑦　　　　　　　）というが，ブランド・イメージにあったデザインを発信することで，消費者の記憶に理想のブランドを構築できる。なお，（⑦）にはあらゆるメディアや機会が含まれ，（⑧　　　　　　　）ともいう。

また，（⑨　　　　　　　）とは，望ましいブランド・イメージを構築するための情報発信のことであり，適切に行うことにより消費者によるブランドへの愛着を高めることになる。

3）イノベーションを生み出す役割

本来商品のデザインは，ターゲットや（⑩　　　　　　　）を決めてから作られることが多い。しかし，これまでにない新しい商品を生み出す革新的な商品開発（（⑪　　　　　　　））では，開発の初期段階でアイディアをすぐにデザインすることがある。そうすることで，開発チームのメンバーがお互いのアイディアを確認したり，改善策を見出したりすることができる。

2 商品のデザイン要素

Check!

　デザイン性に優れた商品を開発するためには, 商品の(⑫　　　　　　　　　)を理解しなければならない。デザイン性に優れた商品を開発するうえで, 以下の八つを意識する。

　　(⑬　　　　　　　　)……視覚から感じる美しさ

　　(⑭　　　　　　　　)……時代を超えて受け継がれる伝統

　　(⑮　　　　　　　　)……時代の先端をいく技術の導入

　　　安全性　　　……安全を考慮した設計

　　(⑯　　　　　　　　)……利用時の心地よい感覚

　　(⑰　　　　　　　　)……商品の有用性や有効性, 効率性

　　(⑱　　　　　　　　)……扱いやすさ

　　(⑲　　　　　　　　)……他社にない個性

3 デザインの種類

Check!

　デザインの種類は商品, コミュニケーション, 空間に関わる三つの分野がある。

1)商品に関わるデザイン分野

〈1〉インダストリアルデザイン

　工業デザインとも呼ばれるもので, 自動車や飛行機, 家電品など, 工場で大量生産される商品の外観のデザインを(⑳　　　　　　　　　　)という。慣例的にこれは, 大きなものを指す場合が多い。また, 明確な区別はないが, 時計, 家具, 文房具といった道具や機械など, 比較的小さいもののデザインを(㉑　　　　　　　　　)という。

〈2〉パッケージデザイン

　品質の保持や運びやすくする他, 商品の使い勝手を高め, 商品のアピールポイントを伝えるなどの役割がある, 食品, 飲料, 日用品などにおける包装・容器のデザインのことを(㉒　　　　　　　　　)という。

〈3〉ゲームデザイン

　ゲームを作成する際には, ゲームのルールや登場する(㉓　　　　　　　)の設定などのデザインが求められるが, こうしたデザインを(㉔　　　　　　　　)という。ここでは, 技術的な制約を理解するとともに, 普遍的な人として守るべきことを踏まえて, 社会的, 倫理的側面にも配慮することが求められる。

2)コミュニケーションに関わるデザイン分野

〈1〉グラフィックデザイン

　ポスターやカタログ, 小冊子としてまとめられた(㉕　　　　　　　　　), 雑誌広告などの平面のデザインを総称して(㉖　　　　　　　　)という。

〈2〉ロゴデザイン

(㉗　　　　　　　　　　　　　　)は，企業やブランドを一つのマークとしてデザインしたもの
で，これらは，企業の理念や価値を視覚的にわかりやすく伝える重要な役割を担っている。

〈3〉Webデザイン

(㉘　　　　　　　　　　　　　　)は，Webサイトのデザインのことである。近年ではスマート
フォンで見る人が多いこともあり，工夫が求められている。

3）空間に関わるデザイン分野

〈1〉建築デザイン

　家やマンション，オフィスビルや公共施設に関わるデザインを(㉙　　　　　　　　　　　)
という。これには，建築物の外観をデザインする(㉚　　　　　　　　)と，積雪や強風，
地震などに耐えられるよう建物の強度などを踏まえてデザインする(㉛　　　　　　　　)
と，建築に設置する設備面をデザインする(㉜　　　　　　　　)の三つがある。

〈2〉インテリアデザイン

　室内やオフィス，乗り物などの内装のデザインを(㉝　　　　　　　　　　　)とい
う。壁紙や床，カーテン，家具，照明などを組み合わせてデザインされる。

〈3〉ディスプレイデザイン

　サインや看板，ショールームや店頭を彩る(㉞　　　　　　　　　　)，展示会といっ
た特定の場所を想定したデザインを(㉟　　　　　　　　)という。

4 デザイン制作のポイント

教科書 p.115

Check!

1）アフォーダンス

　人が自然にドアノブに手を伸ばしてドアを開閉するように，使うことを意識させること
なく，自然に行動を起こさせる力を(㊱　　　　　　　　　)という。

2）ユニバーサルデザイン

　国籍や文化，言語，年齢，性別，障がいの有無や能力差を問わずに，できるだけ多くの人が
利用できるよう配慮されたデザインを(㊲　　　　　　　　　　)という。また，特
定の人を対象にし，改善を実現するデザインを(㊳　　　　　　　　　　)という。

3）サービスと経験のデザイン

　形のある(㊴　　　　　　　)だけでなく，サービスを考えることもデザインである。利
用することで得られる経験もイメージして，デザインすることが求められる。

4）ブランドとデザイン

　デザインはブランドを視覚化し，多くの人に知ってもらい，愛着を持ってもらうための
要素となるため，そうしたデザインが求められる。

Check!

Feature デザインの技法

教科書 p.116~119

1 情報の整理

伝えたい情報は，「誰・何」など，英語の頭文字を取った(㊵)で整理する。

2 素材の用意

価値やイメージを正確に伝える文章や写真，イラストなどの素材を用意する。

3 全体の構成

1）版面とマージンの設定

紙面では，情報を配置する部分の(㊶)と，その周辺の余白の部分である(㊷)を設定する。

2）グリッドの設定

(㊶)に縦横均等に配置する格子状のガイドを(㊸)といい，これに合わせて素材を配置すると，まとまりが生まれる。

3）配置(レイアウト)

配置((㊹))とは，(㊶)に載せる情報の位置を決定することである。

4）強弱の設定

文字のサイズの比率を(㊺)といい，これを変えると情報に強弱が生まれ，重要な情報を目立たせることができる。

4 色のイメージと配色の基本

1）色の三属性

「色みの性質」の違いを色相，「鮮やかさ」の度合いを(㊻)，「明るさ」の度合いを(㊼)といい，色相を輪のように並べたものを(㊽)という。

2）色のイメージ

色には重い，軽い，温かい，冷たいなどのイメージを膨らませる効果がある。

3）配色のイメージ

イメージに合わせて色を組み合わせることを(㊾)という。

5 写真と書体

1）写真

配置方法や画像を一部切り取る(㊿)をすることでイメージが変わる。

2）文字と書体

ゴシック体や明朝体など，使用する((51))（フォント）によってもイメージは変わる。また，近年注目されているものに((52))があり，多くの人が使いやすく見やすいものを選ぶようになってきた。

◉ Feature パッケージデザインの機能・技法
教科書 p.120〜121

1 パッケージデザインの役割

(㉒)には，次に示す四つの役割がある。1）汚損から商品そのものを(㊽   )する，2）効率よく輸送する，3）売場で商品を陳列しやすくする，4）(①)や(②)など商品価値を伝えることである。

2 パッケージデザインの材質

1）柔らかくさまざまな形に加工できる(㊾   )，2）積載時や輸送時の内容物の保存性に優れた(㊿   )，3）内容物を腐食や変質から(㊽)する(㊱   )，4）軽量で耐久性にも優れいろいろな形に加工できる(㊲   )がある。

3 パッケージデザインの形状

1）箱のパッケージには最も基本的な形状の(㊳   )，底の一部があらかじめ接着されたワンタッチ底，組み立てると全体が湾曲する(㊴   )などが代表的で，2）袋のパッケージには，二方袋，(㊵   )，スタンド袋などがある。

4 パッケージデザインの制作

商品の特性にあった包装のための(㊶   )を選択し，予算内に制作コストを抑え，形状を考慮して(⑩)をわかりやすく伝えるなどする。

◉ Feature グラフィックデザインの機能・技法
教科書 p.124〜125

1 グラフィックデザインの役割

1）情報伝達による経済効果を持つことから，大量に制作され，多くの人の目に止まると，2）社会に対しても影響を及ぼすという役割を持つ。

2 グラフィックデザインの種類

・(㊷   )……告知期間が比較的短く，新聞に折り込まれることが多い。

・ポスター……人通りの多い駅構内などに掲示される。

・(㉕)……詳細な情報が書かれた小冊子。

・(㊸   )……(㉕)の内容を簡略化して1枚にした印刷物。

・(㊹   )……価格や商品の説明を購買場所で行う広告。

3 ポスターの制作

(㊺)	写真やイラストなどの印象的な視覚的表現
(㊻)	人の心をつかむ印象的な短い文章
(㊼)	わかりやすく説明するメッセージ性のある文章
(68)	日時・場所・連絡先などの正確な情報

1 次の(1)～(5)に示した腕時計に関する内容と，最も関係の深いものを解答群から選び，記号で答えなさい。

(1)　1か月が経過しても，ほぼ正確に時刻を刻める。

(2)　文字盤が見やすく，腕での着脱もしやすい。

(3)　見ていると文字盤の色使いがカラフルで，明るい気持ちになる。

(4)　腕時計が生まれた背景には熟練した職人の存在があり，今も時計作りには職人のこだわりを受け継いでいる。

(5)　これまでにないアイディアを盛り込んで，革新的な商品開発になっている。

【解答群】　**ア**．観念価値　　**イ**．感覚価値　　**ウ**．イノベーション　　**エ**．便宜価値

　　　　　オ．基本価値

(1)		(2)		(3)		(4)		(5)	

2 次の(1)～(5)の　　　にあてはまるものを解答群から選び，記号で答えなさい。

　商品の詳細設計やプロトタイプの開発を行う際には，その商品のデザインを決めなければならないが，デザインには次の三つの役割がある。

　第一に商品価値を作る役割である。その商品価値のうち，機能的価値には，その商品を使うにあたっての最低限必要な機能に関する基本価値と，よりよい使いやすさを実現するための　(1)　がある。また，　(2)　には，その商品を使うことでうれしい気持ちや楽しい気持ちになるなど感覚に訴える感覚価値と，商品が持つ歴史や物語に共感することで得られる　(3)　がある。

　第二にブランドを作る役割である。Webサイトや商品，TVCMや店頭での告知など消費者とブランドとの接点となる　(4)　において，望ましいブランド・イメージにあったデザインを情報発信する　(5)　を適切に行うことで，消費者によるブランドへの愛着を高め，長期にわたってファンを作ることができる。

　第三にイノベーションを生み出す力である。革新的な商品開発の場合には，開発の初期段階でアイディアをデザインするとよい。

【解答群】　**ア**．情緒的価値　　**イ**．便宜価値　　**ウ**．コンタクト・ポイント

　　　　　エ．ブランド・コミュニケーション　　**オ**．観念価値

(1)		(2)		(3)		(4)		(5)	

3 次の(1)〜(5)に示した自動車のデザイン要素の種類と，最も関係の深いものを解答群から選び，記号で答えなさい。

要素の種類	説　明
(1)	視覚的に美しい流れるような外観。
(2)	時代を超えても変わらないスタイルやデザイン。
先進性	過去にはなかった，ハンドルを手放しにしても走行できる自動運転技術。
(3)	衝突の衝撃から身を守るエアバッグの装備。
(4)	高級感やドアを閉めるときの心地よい音。
機能性	振動の少ない滑らかな走行を実現。
(5)	運転席のパネルが見やすく，ワンタッチで扱える。
独自性	遠方からでも識別できる，他社にはない個性の形状。

【解答群】 ア．継続性　　イ．操作性　　ウ．審美性　　エ．快楽性　　オ．安全性

(1)		(2)		(3)		(4)		(5)	

4 次の各文の下線部が正しい場合は○を，誤っている場合は正しい語句を書きなさい。

(1) デザインはその対象によって，商品に関わるデザイン分野，コミュニケーションに関わるデザイン分野，空間に関わるデザイン分野の大きく三つに分けられる。

(2) コミュニケーションに関わるデザイン分野には，インダストリアルデザイン，パッケージデザイン，ゲームデザインの三つがある。

(3) インダストリアルデザインのうち，自動車や飛行機，家電品などの大きな商品に対し，時計，家具，文房具といった道具や機械など，比較的小さいもののデザインをプロダクトデザインという。

(4) インダストリアルデザインを行うに際しては，ルールやキャラクターの設定において技術的な制約があることを理解するとともに，対象となる年齢を考慮し，社会的，倫理的側面にも配慮することが求められる。

(5) 食品，飲料，日用品などの包装・容器に行うグラフィックデザインには，これらの商品の品質を保持し，運びやすくする他に，使い勝手を高め，アピールポイントを消費者に伝えていくという役割がある。

(1)		(2)			
(3)		(4)		(5)	

5 次の(1)～(5)に最も関係の深いものを解答群から選び，記号で答えなさい。

(1) ポスターやカタログ，パンフレット，雑誌広告などの平面のデザインの総称

(2) 企業やブランドを一つのマークとしてデザインしたもの

(3) 家やマンション，オフィスビルや公共施設に関わるデザイン

(4) 室内やオフィス，乗り物などの内装のデザイン

(5) ショールームやショーウィンドウ，展示会など特定の場所で展開されるデザイン

【解答群】　**ア**．ロゴデザイン　　**イ**．ディスプレイデザイン　　**ウ**．建築デザイン

　　　　　　エ．グラフィックデザイン　　**オ**．インテリアデザイン

4章

商品の開発

(1)		(2)		(3)		(4)		(5)	

6 次の(1)～(5)について，下線部と同じ意味のものを解答群から選び，記号で答えなさい。

(1) デザイン制作のポイントの一つには，<u>使う人に意識させることなく，自然に行動を起こさせる力</u>を持つようにすることが挙げられる。

(2) <u>国籍や文化，言語，年齢，性別，障がいの有無や能力差を問わないデザイン</u>にすることで，できるだけ多くの人が利用できるようになる。

(3) <u>ECサイトやコミュニティサイトのデザイン</u>は，近年パソコンよりスマートフォンで見る人が多くなっており，見る人の環境に幅広く対応したものにする必要がある。

(4) <u>壁紙や床，カーテンなどによる内装のデザイン</u>では，それぞれの素材の特徴を把握する。

(5) <u>サインや看板のデザイン</u>には，消費者を店舗に誘導し購買を促す効果が期待される。

【解答群】　**ア**．インテリアデザイン　　**イ**．ディスプレイデザイン　　**ウ**．アフォーダンス

　　　　　　エ．ユニバーサルデザイン　　**オ**．Webデザイン

(1)		(2)		(3)		(4)		(5)	

7 教科書の後ろ見返し④のアクセシブルデザインの例は，どのような人のために，どのように役立っているかを記述しなさい。 🔍 ✏️

(1) 2リットル入りなど，くぼみのある大容量のペットボトル

(2) お湯が沸いたことや設定温度が変わったことを，音声で知らせてくれる給湯器

8 次のポスターを参考にして，(1)〜(5)と同じものを解答群から選び，記号で答えなさい。

(1) イラストや開催情報の外側の余白の部分

(2) イラストや開催情報を配置するための，縦横均等に引かれた格子状のガイド

(3) イラストや開催情報の位置を決定すること

(4) 開催情報で使用されている，使いやすく見やすくデザインされた書体

(5) 開催情報の内容に強弱を持たせる，文字サイズの大きさの比率

【解答群】

ア．ユニバーサルデザインフォント

イ．マージン　　ウ．配置(レイアウト)

エ．グリッド　　オ．ジャンプ率

第20回 年に1度の 特別企画
県内の 個人営業店が 大集合
ICE CREAM
20××年7月20日
10時〜16時（小雨決行）
15分毎に ○○駅から 無料 シャトルバス 運行
アイスマルシェ
今年も暑い夏がやってきた
【開催場所】さわやか広場
（○○県営ひろびろ公園）
主催 アイスマルシェ 実行委員会 ○○市○○町 1-1-11 代表　○○　○○

(1)		(2)		(3)		(4)		(5)	

9 次の各文の下線部が正しい場合は○を，誤っている場合は正しい語句を書きなさい。

(1) 色には「色みの性質」や「鮮やかさ」，「明るさ」の三つの性質があるが，そのうち「鮮やかさ」の度合いを明度という。

(2) 色にはさまざまなイメージがあるが，紫には女性的で，上品で，おしゃれで，高貴なイメージを膨らませる効果がある。

(3) 同じ色相で，明度と彩度を変えた反対色・補色は，最も安心できる配色であるが，物足りない印象を与える可能性もある。

(4) 規則性のある色の変化をグラデーションといい，色相，明度，彩度それぞれによって，カラフルな統一感を作り出すことができる。

(5) 写真は同じものであっても，配置(レイアウト)や一部を切り抜くトリミングによって印象が変わるが，そのうち，写真を紙面の端まで配置(レイアウト)する方法は四角版といい，迫力ある紙面にすることができる。

(1)		(2)		(3)	
(4)		(5)			

10 次の(1)〜(5)に最も関係の深いものを解答群から選び，記号で答えなさい。

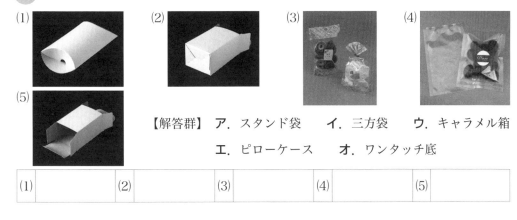

(1)　(2)　(3)　(4)

(5)

【解答群】　**ア**．スタンド袋　　**イ**．三方袋　　**ウ**．キャラメル箱

　　　　　　エ．ピローケース　　**オ**．ワンタッチ底

(1)		(2)		(3)		(4)		(5)	

11 次の(1)〜(5)にあてはまるものを解答群から選び，記号で答えなさい。

　グラフィックデザインは，情報伝達による　(1)　を持っている。大量に制作され，多くの人の目に止まることから，社会に対しても影響を及ぼす。

　その種類には，街頭での手渡しや戸口への投函，新聞への折り込みなどがされる　(2)　や，人通りの多い駅構内に掲示されるポスター，詳細な情報が書かれた1枚もののリーフレット，店頭で価格や商品の説明を行う　(3)　などがある。

　そのうち，ポスターの制作にあたっては，写真やイラストといった印象的な視覚的表現である　(4)　や，人の心をつかむ印象的な短い文章である　(5)　の他，ボディコピーやインフォメーションを盛り込むとよい。

【解答群】　**ア**．チラシ　　**イ**．経済効果　　**ウ**．キャッチコピー　　**エ**．POP広告

　　　　　　オ．キービジュアル

(1)		(2)		(3)		(4)		(5)	

12 教科書p.120に掲載されたショートケーキのイラストを参考にして，四つのパッケージデザインの役割を箇条書きしなさい。

(　　　　　　　　　　　　　　　　　　　　　　　　　　　　　　　)

(　　　　　　　　　　　　　　　　　　　　　　　　　　　　　　　)

(　　　　　　　　　　　　　　　　　　　　　　　　　　　　　　　)

(　　　　　　　　　　　　　　　　　　　　　　　　　　　　　　　)

4節 ブランド

教科書 p.130〜139

● 要点整理

正答数 ／33問

教科書の内容についてまとめた次の文章の(　　)にあてはまる語句を書きなさい。

1 ブランドとは

Check!

教科書 p.130

　ブランドの起源は，遊牧民が自分の(① 　　　　　　　)に独自の(② 　　　　　　　)を押すことであり，誰が所有する①か見分けるために行った。現代の企業も商品に独自のブランドをつけることで，自社商品と他社商品を区別している。

2 ブランドの機能

Check!

教科書 p.131

1)ブランドの識別機能

　(③ 　　　　　　　)とは，ブランドが担う最も基本的な機能で，「自社ブランドと他社ブランドを識別するための目印になる」という働きである。

2)ブランドの信用保証機能

　(④ 　　　　　　　)とは，「消費者がブランドに信頼を寄せ，ブランドが品質を保証する目印になる」という働きである。長年にわたり培われてきたブランドには，愛着や忠誠心を意味する(⑤ 　　　　　　　)が形成されていることが多い。

3)ブランドの差別化機能

　(⑥ 　　　　　　　)とは，「商品に対する感じ方を変化させる」という働きである。ブランドによっては高級感やおしゃれ感などを有し，高い値段でも買われるようになる。

3 ブランド資産

Check!

教科書 p.132

　ブランドの機能の強さを金額換算したものが(⑦ 　　　　　　　)である。これは，次の三つの要素によって構成される。

4 ブランド資産の構成要素

教科書 p.133

1)ブランド認知

Check!

　(⑧ 　　　　　　　)とは，「ブランドが消費者にどれくらい深く記憶されているか」，「消費者にどれくらい知られているか」ということである。

2)ブランド連想

　(⑨ 　　　　　　　)とは，「ブランドを見聞きして思い浮かぶもの」であり，例えば原産国や使用者イメージのことである。これらの集合が(⑩ 　　　　　　　)であり，「消費者にどのように知られているか」ということである。消費者は好意的に連想する一方で，否定的に連想することもあり，いかに好意的に連想してもらうかが重要である。

3）知覚品質

（⑪　　　　　　　　　）とは，「消費者がブランドに対して感じる品質のこと」で，（⑩）にも影響するものである。原材料や成分，信頼性や耐久性，スタイルやデザインといった商品自体だけでなく，販売店の雰囲気など商品を取り巻く要素もこれに含まれる。

5 ブランドの構築

教科書 p.134〜139

Check!

1）ブランド要素の選択基準

- （⑫　　　　　　　　　）：購入や消費の場面で思い出されやすく，記憶に強く刻まれるか。
- （⑬　　　　　　　　　）：属するカテゴリーや便益を連想させることができるか。
- （⑭　　　　　　　　　）：国や地域を問わないか，新しいカテゴリーに転用できるか。
- （⑮　　　　　　　　　）：時代の変化に合わせて，ブランド要素そのものを変更できるか。
- （⑯　　　　　　　　　）：法律や競争から，どの程度保護できるか。

2）ネーム

〈1〉ネームの役割

（⑰　　　　　　　　　）は，（⑧）を高めるために鍵となる要素であり，極めて重要である。一度採用すると容易に変更できないため，ブランドの将来像を描きながら決定する必要がある。

〈2〉ネームの開発

（⑰）の開発にあたっては，綴りとして目に入る（⑱　　　　　　　　　），言葉からイメージされる（⑲　　　　　　　　　），音で聞こえる（⑳　　　　　　　　　）を考慮する。

3）ロゴ

〈1〉ロゴの役割

（㉑　　　　　　　　　）とは社名や商標などを視覚的に表現したもので，言葉よりも早く目にとまるため，瞬時に認識させる役割がある。文字だけでかたどった（㉒　　　　　　　　　）と，絵や抽象的なデザインで表現した（㉓　　　　　　　　　）がある。

〈2〉ロゴの開発

商品に付けられる（㉑）には，（㉔　　　　　　　　　）と（㉕　　　　　　　　　）がある。前者はブランドを識別させるために（㉒）が開発される場合が多いが，後者は企業名に対する信用を商品にも感じさせるための（㉒）や，企業理念などの抽象的なメッセージを伝えるための（㉓）が開発される。

4）キャラクター

〈1〉キャラクターの役割

（㉖　　　　　　　　　）は，架空または実在の人物や生き物をかたどったブランドのシンボルである。楽しさや面白さの連想を生み出し，記憶に残り独特な（⑩）を形成しやすい。

〈2〉キャラクターの起用

　ブランド独自のイメージを創出する場合には，独自の(㉖)を開発して起用し，自社ブランドに(㉗　　　　　　　　　　)のイメージをつけたい場合には，(㉗)を起用する。

5）パッケージ

〈1〉パッケージの役割

　(㉘　　　　　　　　　)そのものが広告になり，店頭でのブランドへの興味や関心を呼び起こし，知名度を高める役割がある。また，(⑩)の形成にも影響を与える役割がある。

〈2〉パッケージの開発

　ブランドの(㉙　　　　　　　　　)に応じて開発が進められる。(㉚　　　　　　　　)にはブランドを認知させ，初めての購買に結びつけることが重視されるが，十分浸透している場合には，(㉘)の(㉛　　　　　　　　)を通して陳腐化を防ぐことが重要である。

6）他の連想の活用

〈1〉他の連想の役割

　自社ブランドの要素以外の要素も活用する。

〈2〉カントリー・オブ・オリジンと成分ブランディング

　(㉜　　　　　　　　　　　　　)は，商品の原産地(国)と結びついている連想を自社ブランドに活用する方法であり，(㉝　　　　　　　　　)は，商品に用いる材料や部品に，ブランド化されている材料(成分)を採用する方法である。

▶Step問題

正答数　　／16問

1 次の各文の下線部が正しい場合は○を，誤っている場合は正しい語句を書きなさい。

(1)　ブランドの最も基本的な機能で，自社ブランドを他社ブランドから識別するのが信用保証機能である。

(2)　ブランドの差別化機能が働くと，同種の商品であったとしても，高級感やおしゃれ感など商品に対する感じ方が違ってくる。

(3)　ブランド資産の構成要素には，ブランド認知，ブランド連想，知覚品質がある。

(4)　ブランド連想とは，消費者にどれくらい深く記憶されているかということである。

(5)　消費者がブランドに対して感じる品質をブランド要素という。

(1)		(2)		(3)	
(4)		(5)			

2 ブランド要素の選択基準として, 次の(1)～(5)に最も関係の深いものを解答群から選び, 記号で答えなさい。

(1) 購入や消費の場面で思い出されやすく, 記憶に強く刻まれるか。

(2) 属するカテゴリーや便益を連想させることができるか。

(3) 国や地域を問わないか, 新しいカテゴリーに転用できるか。

(4) 時代の変化に合わせてブランド要素そのものを変更できるか。

(5) 法律や競争から, どの程度保護できるか。

【解答群】　ア．適合可能性　　イ．移転可能性　　ウ．記憶可能性　　エ．意味性
　　　　　　オ．防御可能性

(1)		(2)		(3)		(4)		(5)	

3 次の(1)～(5)の　　　　　にあてはまるものを解答群から選び, 記号で答えなさい。

　ブランド要素には, 次のものがある。まずは, (1) である。これは他社ブランドと区別し, 自社ブランドを記憶してもらううえで極めて重要な役割を担う。一度採用すると容易には変更できないため, 留意が必要である。次に (2) である。これは, 社名や商標などを視覚的に表現したものである。ワード・マークとシンボル・マークの2種類があるが, 伝えたい目的に応じて開発される場合が多い。次に (3) である。これは, 架空または実在の人物や生き物をかたどったものである。

　また, 商品のパッケージも大きな影響を与える。長期的には陳腐化しないように, リニューアルをしていくことも視野に入れるべきである。その他にも, 商品の原産地(国)と結びついている連想を自社ブランドに活用する (4) や, 商品に用いる材料や部品に, ブランド化されている材料(成分)を採用する (5) をとることもある。

【解答群】　ア．ロゴ　　イ．成分ブランディング　　ウ．カントリー・オブ・オリジン
　　　　　　エ．ネーム　　オ．キャラクター

(1)		(2)		(3)		(4)		(5)	

4 日本製の商品には日本のカントリー・オブ・オリジンを活かせるが, 教科書p.139の本文を参考にして, 日本から独自に連想されるものは何かを挙げなさい。

教科書 p.140〜148

5節 知的財産権の登録

● 要点整理

正答数 ／37問

教科書の内容についてまとめた次の文章の（　）にあてはまる語句を書きなさい。

1 商品開発における知的財産権の保護の重要性

教科書 p.140〜147

Check!

商品開発を行う人々や，企業の創作を守るために（①　　　　　　　　　）がある。このうち，次に示す１）〜４）の四つの権利を（②　　　　　　　　　）といい，５）の権利の他にも，品種を育成できる育成者権，集積回路の回路配置利用権などがある。なお，登録などの事務的な手続きでは，１）〜４）の権利は特許庁，５）は（③　　　　　　　　　）を窓口としている。

１）特許権

〈１〉特許権とは

（④　　　　　　　　　）は，特許法上の（⑤　　　　　　　　　）を独占的に使用できる権利である。（④）を出願する流れは以下の通りである。特許庁に出願する→出願後原則として（⑥　　　　　　　　　）後に商品のアイディアが公開される→出願から（⑦　　　　　　　　　）以内に審査請求する→認められた場合，特許料を支払うことで正式に登録される。なお，（④）は登録日から発効し，出願日に遡り（⑧　　　　　　　　　）間保護される。

〈２〉特許権の成立要件

次の五つの要件を満たす必要がある。

・産業上の利用が可能であること。

・これまでにない技術で，世間に知られていない（⑨　　　　　　　　　）があること。

・簡単には（⑤）できない（⑩　　　　　　　　　）があること。

・過去に出願の例がない（⑪　　　　　　　　　）であること。

・社会秩序を乱すことのない（⑫　　　　　　　　　）に反しないこと。

２）実用新案権

（⑬　　　　　　　　　）は，実用新案法上の考案（アイディア）を保護する権利である。登録日から発効し，出願日から（⑭　　　　　　　　　）間保護される。対象範囲は（⑮　　　　　　　　　）に限定されるが，それ自体の（⑨）は問われない。

なお，この権利の取得に向けた手続きは，特許庁では成立要件に関する審査を行わない（⑯　　　　　　　　　）をとっているが，他人が無断で真似している状況にあり，権利を主張したいときは，特許庁に対し（⑰　　　　　　　　　）の作成を依頼する。ただし，評価の結果によっては，この権利を主張しても認められない場合がある。

3）意匠権

（⑱　　　　　　　　　）は，意匠法上の意匠（デザイン）を独占的に使用できる権利である。登録日から発効し，出願日から（⑲　　　　　　　　）間保護される。なお，商品全体にこの権利が登録されていても，一部分の意匠を（⑳　　　　　　　　　）として他者が登録できる。さらには，（㉑　　　　　　　　）としてセットでの登録，（㉒　　　　　　　　　）として本来の意匠の登録，（㉓　　　　　　　　）として類似した意匠の登録もできる。

4）商標権

〈1〉商標権とは

（㉔　　　　　　　　）とは，商標法上の商標を独占的に使用できる権利である。登録日から発効し，登録日から⑭間保護される。ただし，何度でも（㉕　　　　　　　　　）が可能である。

〈2〉立体商標

文字，図形，記号などの他に，立体的形状も（㉖　　　　　　　　）として登録できる。ただし，立体的形状そのものに他の商品と区別できる（㉗　　　　　　　　）があることなどが問われる。

5）著作権

（㉘　　　　　　　　）は，㉘法上の著作物を独占的に使用できる権利である。原則として著作者の死後（㉙　　　　　　　　）間保護される。この権利は創作した時点で自然に発効するため，取得のための手続きは不要である。このような考えを（㉚　　　　　　　　　）というが，権利の主張をしやすくするために，（㉛　　　　　　　　）が設けられている。

6）偽ブランドや偽キャラクター商品などによる知的財産権の侵害

偽物の商品の製造，販売は犯罪行為であり，権利者の利益を奪うのみならず，人々を混乱させるため，不正な行為を禁止する目的で（㉜　　　　　　　　　）が制定されている。

2 商品開発における知的財産権の活用の重要性

教科書 p.148

Check!

1）ライセンス契約の活用

（㉝　　　　　　　　　）（実施許諾契約）は，他人の求めに応じ，自身の持つ知的財産の使用を認める契約で，こうした契約が新商品を生む土台を築いている。権利者は通常その契約内容に従い，（㉞　　　　　　　　）（使用報酬）を得られる。なお，企業同士が（④）などの技術を自由に活用するために，（㉟　　　　　　　　　）を結ぶことがある。

2）技術移転機関の活用

大学や研究機関の（①）の登録と，企業との（㉝）をサポートする機関として，技術移転機関（（㊱　　　　　　　　））が各地で設立されている。この機関が大学や研究機関と企業の結びつきを深める（㊲　　　　　　　　）の役割を果たせば，双方にとり好循環を生み出せる。

1 次の⑴〜⑸の [　] にあてはまるものを解答群から選び，記号で答えなさい。

　知的財産権は産業財産権と著作権，その他の三つに分類できる。そのうち，産業財産権には，特許法上の [　(1)　] を独占的に使用できる特許権，実用新案法上の [　(2)　] を保護する実用新案権，意匠法上の意匠（デザイン）を独占できる意匠権，商標法上の商標（トレード・マーク）を独占的に使用できる商標権の四つがある。また，その他には，新しい品種を育成できる [　(3)　]，創作した集積回路の配置を利用できる回路配置利用権などがある。

　なお，登録などの事務的な手続きを必要とする場合には，産業財産権では [　(4)　]，著作権では [　(5)　] が窓口になっている。

【解答群】　ア．考案（アイディア）　　イ．文化庁　　ウ．特許庁　　エ．育成者権
　　　　　　オ．発明

(1)		(2)		(3)		(4)		(5)	

2 次の⑴〜⑸に最も関係の深いものを解答群から選び，記号で答えなさい。

⑴　出願日から20年間保護される。

⑵　登録日から10年間保護される。ただし，手続きを行えば何度でも更新が可能である。

⑶　原則として創作した人の死後70年間保護される。

⑷　出願日から10年間保護される。

⑸　出願日から25年間保護される。

【解答群】　ア．意匠権　　イ．実用新案権　　ウ．著作権　　エ．特許権　　オ．商標権

(1)		(2)		(3)		(4)		(5)	

3 次の⑴〜⑸のうち，条件にあてはまるものにはＡを，それ以外にはＢを書きなさい。

●条件　特許権

⑴　権利者は，その権利を譲渡することができる。

⑵　「産業上の利用が可能であること」が，成立要件の一つになっている。

⑶　対象範囲は物に限られ，その物に対する新規性は問われない。

⑷　過去に出願の例がない，先願でなければならない。

⑸　物品の形状，構造又は組み合せに係る考案が対象となっている。

(1)		(2)		(3)		(4)		(5)	

4 次の各文の下線部が正しい場合は〇を，誤っている場合は正しい語句を書きなさい。

(1) 本意匠の登録者は本意匠の他に，類似した意匠として<u>部分意匠</u>も登録できる。

(2) ひな人形のセット，キャンプ用鍋のセットなどが<u>組物の意匠</u>になる。

(3) 著作権は手続きを不要とする<u>無審査主義</u>をとっている。

(4) 広く世間で認知されているブランド品やキャラクター商品の偽物を販売するなどの不正行為は，<u>不正競争防止法</u>で禁止されている。

(5) 識別力があること，包装する方法が他にあること，代替品を同程度の費用で生産できる形状であることが<u>意匠</u>として登録される要件である。

(1)		(2)		(3)	
(4)		(5)			

5 次の(1)〜(5)の下線部と最も関係の深いものを解答群から選び，記号で答えなさい。

(1) <u>知的財産の権利者が，他者に自らの知的財産の使用を認める契約を結ぶこと</u>で，社会の多くの人々に知的財産を広めやすくなる。

(2) 知的財産の権利者は，他者との実施許諾契約の内容に従い，通常<u>使用報酬</u>を得ることができる。

(3) 知的財産権を侵害しているかわかりにくいので，<u>企業同士が特許権などの技術を自由に活用できる契約</u>を結ぶことがある。

(4) 大学や研究機関の知的財産の成果を企業が活用しやすくするために，<u>大学や研究機関の財産権の登録と，企業との実施許諾契約をサポートする機関</u>が各地で設立されている。

(5) <u>大学や研究機関と企業が協力すること</u>で，大学や研究機関は新たな研究資金を得られ，企業は収益を得られるため，お互いに好循環を生み出せる。

【解答群】 **ア**．産学連携　　**イ**．ライセンス契約　　**ウ**．クロスライセンス契約

　　　　　エ．ロイヤリティ　　**オ**．技術移転機関(TLO)

(1)		(2)		(3)		(4)		(5)	

6 特許庁に特許権を出願しても，すぐには特許権が認められないのはなぜなのかを記述しなさい。🔆✏️

1 一つのターミナル駅に限定して販売する予定で,「動物をかたどったみやげ品のスイーツ」を開発することになった。あなたはどのような商品コンセプトにするか, ターゲット, ベネフィット, シーンに分けて書き出してみよう。

2 上記の新商品の仕様に盛り込む項目には, どのようなものがあるか書き出してみよう。

3 上記の新商品のプロトタイプを作成する場合, どのような目的でどのような種類のものを選ぶか書き出してみよう。

4 上記の新商品では, どのようなテストや調査をすると良いか書き出してみよう。

1回目
2回目

(1)　商品に求められる要素について，目標となる数値や形態をまとめたもの。
（　　　　　　　）

(2)　情報を楽しんだり，活用することを目的とした商品。（　　　　　　　）

(3)　商品コンセプトの実現に向けた確認と改良のための試作品。（　　　　　）

(4)　大規模な工場での生産を前にテスト的に生産する小規模な実験工場。
（　　　　　　　）

(5)　開発するサービスをそれぞれの役割に分けて演じ，改善点のヒントを発見する方法のこと。
（　　　　　　　）

(6)　コンセプトパフォーマンステストの略で，商品コンセプトを商品が実現できているかを確認するためのテスト。
（　　　　　　　）

(7)　想定する顧客に，プロトタイプを家で実際に使ってもらい，その様子を観察するテスト。
（　　　　　　　）

(8)　新商品が開発チームの手から離れ，販売に関わる人や企業に渡され，消費者の手に届けられるという一連のプロセスのこと。（　　　　　）

(9)　商品の使用で得られる心理的な価値。感覚価値と観念価値からなる。
（　　　　　　　）

(10)　消費者とブランドとの接点。タッチ・ポイントともいう。
（　　　　　　　）

(11)　工業的に大量生産される商品の外観のデザイン。
（　　　　　　　）

(12)　ポスターやカタログ，パンフレット，雑誌広告など平面の上に表示される，文字や画像，配色などを使用し，情報やメッセージを伝達するデザイン。
（　　　　　　　）

(13)　使う人に意識させることなく，自然に行動を起こさせる力。
（　　　　　　　）

(14)　できるだけ多くの人が利用できるように配慮されたデザイン。
（　　　　　　　）

(15)　消費者がブランドに対して感じる品質のこと。（　　　　　　　）

(16)　商品の原産地(国)と結びついている連想を自社ブランドに活用する方法。
（　　　　　　　）

(17)　特許権，実用新案権，意匠権，商標権といった，産業界と関連する権利。
（　　　　　　　）

(18)　大学や研究機関の知的財産権の登録と，企業とのライセンス契約をサポートする機関。（　　　　　）

4章

商品の開発

▲アプリはこちらから

アプリでほかの問題にもチャレンジしてみよう！

77

1節 販売員活動

教科書 p.150〜155

要点整理

正答数　　／37問

教科書の内容についてまとめた次の文章の（　　）にあてはまる語句を書きなさい。

1 企業に向けた販売員活動

教科書 p.150〜151

Check!

企業が行う営業や接客などの（① 　　　　　　　）は，企業に向けたもの（（② 　　　　　　　））と，消費者に向けたもの（（③ 　　　　　　　））に分類できる。

自社の商品を消費者に届ける形態には，（④ 　　　　　　　）と（⑤ 　　　　　　　）がある。⑤では販売員活動である（⑥ 　　　　　　　）によって小売業を説得するなど，自社商品を積極的に消費者に販売してもらう（⑦ 　　　　　　　）が有効である。

1）営業とは

日本における営業は，商品説明だけでは不十分なことが多く，卸売業や小売業の売上を高めるために，販売方法を提案したり，顧客の（⑧ 　　　　　　　）の動向を分析したりするなど，広範な役割や能力が求められる。

2）営業プロセス

営業プロセスは大きく分けて以下の七つの段階に分類できる。

1 　販売機会の把握…（⑨ 　　　　　　　）を特定する段階。

2 　事前アプローチ…直接会う前に（⑩ 　　　　　　　）について情報収集する段階。

3 　アプローチ…⑩と直接会う段階。（⑪ 　　　　　　　）や会話の内容に注意を払い，相手の第一印象を損なわないようにする。

4 　プレゼンテーションとデモンストレーション…（⑫ 　　　　　　　）を行う段階。自社の話をするだけでなく，会話の中から（⑬ 　　　　　　　）を特定する。

5 　相手との調整…相手の意見に対応し，成約へと結びつける段階。

6 　成約…（⑭ 　　　　　　　）を締結する段階。

7 　フォローアップ…成約後，商品の配送や利用の状況などについて確認する段階。（⑮ 　　　　　　　）を高め，次の販売機会に結び付ける。

3）営業スタイル

これまでの日本における伝統的な営業スタイルは，営業担当者がなるべく多くの顧客に働きかける（⑯ 　　　　　　　）の営業であった。しかし近年では，営業担当者が，顧客の抱える（⑰ 　　　　　　　）や（⑱ 　　　　　　　）を解決できるような企画を提案する，企画提案型の営業が増えている。

2 消費者に向けた販売員活動

教科書 p.152〜153

Check!

1）消費者に接する販売員に求められる役割

　販売員の役割には，（⑲　　　　　　　　）や（⑳　　　　　　　　　　）などがある。販売員によるコミュニケーションは（㉑　　　　　　　　）に行われるため，消費者の要望や反応に応じて，柔軟で詳細な情報提供ができる。魅力的で適切な情報提供は，消費者の購買意欲を大きく高めることにつながるので，販売員には豊富な（㉒　　　　　　　　）と（㉓　　　　　　　　）への対応力が求められる。また，販売員は，接客サービスを通じて，企業や店舗の評価を高めたり，購買そのものに対する満足度を向上させる役割を持っているので，（㉔　　　　　　　　　）溢れる対応が必要である。

2）購買意思決定過程の理解

　販売員は，消費者が商品を知り，購入に至る（㉕　　　　　　　　）のどの段階にあるのかを見極める必要がある。消費者の（㉕）は，大きく四つの段階に分けられる。

1　（㉖　　　　　　）…消費者が商品に対して注目する段階
2　（㉗　　　　　　）…消費者が特定商品に対して興味を抱く段階
3　（㉘　　　　　　）…消費者が特定商品を購入したいと考えている段階
4　（㉙　　　　　　）…消費者が特定商品を購入する段階

　以上の四つの段階は，英語の頭文字から（㉚　　　　　　　　　）とも呼ばれる。

3 販売員活動と顧客満足

教科書 p.154〜155

Check!

　販売員の活動により，顧客の満足度を表したものを（㉛　　　　　　　）（CS）という。

1）真実の瞬間

　企業においてマーケティングの全体的な方針や戦略は，経営陣やマネジャー層によって決定されるが，顧客と直接的にやり取りするのは主に現場スタッフで，その働きぶりが（㉛）に大きな影響を及ぼす。現場スタッフと顧客との接点を（㉜　　　　　　　）とも呼ぶ。

2）従業員満足への注目

　顧客満足を高めるためには従業員の満足度も向上させていかなければならない。この従業員の満足度を（㉝　　　　　　　）という。

　（㉝）を高めると，生産性向上や離職率低下につながり，顧客満足や収益性に貢献するという一連の流れを（㉞　　　　　　　　　　）と呼ぶ。

3）インターナル・マーケティングとインタラクティブ・マーケティング

　企業から顧客に対するマーケティング…（㉟　　　　　　　　　）
　企業内部の従業員に向けたマーケティング…（㊱　　　　　　　　）
　従業員と顧客との間で行うマーケティング…（㊲　　　　　　　　）

1 次の(1)～(5)に最も関係の深いものを解答群から選び，記号で答えなさい。

(1) 営業プロセスにおいて，見込み客を特定する段階

(2) 見込み客に直接会う前に，交渉相手について調べる段階

(3) 会話の中から顧客ニーズを特定し商品の説明を行う，営業プロセスの中心となる段階

(4) 適切なタイミングを逃さないように，契約を締結する段階

(5) 商品の配送や利用状況などを確認して，顧客の満足度を高める段階

【解答群】

ア．成約　　イ．事前アプローチ　　ウ．販売機会の把握

エ．フォローアップ　　オ．プレゼンテーション

(1)		(2)		(3)		(4)		(5)	

2 次の各文の下線部が正しい場合は〇を，誤っている場合は正しい語句を書きなさい。

(1) 販売員と消費者のコミュニケーションは<u>一方的</u>に行われる。

(2) 販売員は，消費者に対して<u>ホスピタリティ</u>溢れる対応を意識することが求められる。

(3) 消費者は特定の販売員と<u>主従関係</u>ができると，その販売員から購入したいと考える。

(4) 販売員は消費者との関係づくりのために，<u>勤め先や年収</u>などの顧客情報を記録する。

(5) 高い値段を提示した後，譲歩して成約する技法を<u>ロー・ボール・テクニック</u>という。

(1)		(2)		(3)	
(4)		(5)			

3 次の(1)～(5)に最も関係の深いものを解答群から選び，記号で答えなさい。

　消費者の意思決定過程は，　(1)　によって説明されることがある。第一に，「おや，何だろう」と消費者が商品に対して注目する　(2)　の段階である。次に，「おもしろそう」と思う　(3)　の段階である。それが「購入したい」という　(4)　の段階に移り，最後は　(5)　の段階で，「実際に購入する」ことになる。

【解答群】　ア．AIDAモデル　　イ．行動　　ウ．興味　　エ．注意　　オ．欲求

(1)		(2)		(3)		(4)		(5)	

4 教科書p.153の側注にあるAISASモデルにおける２つのS（検索：Search，共有：Share)は，どのような行動が考えられるか，それぞれ50字程度で記述しなさい。

検索…

共有…

5 教科書p.155の三つのマーケティングについて，それぞれ50字程度で説明しなさい。

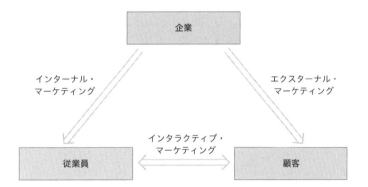

エクスターナル・マーケティング…

インターナル・マーケティング…

インタラクティブ・マーケティング…

2節 セールス・プロモーション

教科書 p.156〜164

要点整理

正答数 ／32問

教科書の内容についてまとめた次の文章の(　　)にあてはまる語句を書きなさい。

1 金銭的セールス・プロモーション

教科書 p.156〜157

Check!☐☐

企業が自社の商品を消費者に購入してもらうために，消費者や流通業に働きかけ，直接的に売上向上に結びつける活動を(① 　　　　　　　　)という。

1）値引き

商品の価格を引き下げる(② 　　　　　　　)は，最も直接的な金銭的セールス・プロモーションである。消費者心理の面からは(③ 　　　　　　　)を用いると売上向上が期待できる。また，利益度外視で値引きする商品を(④ 　　　　　　　)という。新商品導入時には，一時的に価格を引き下げる(⑤ 　　　　　　　)も用いられる。また，購入すると現金を割り戻す(⑥ 　　　　　　　)もある。

2）クーポン

(⑦ 　　　　　　　)とは割引を約束した券である。かつては，雑誌や新聞などにつけられていたが，今日では，Webサイトやスマートフォンアプリを通じて提供されている。

3）アローワンス

チラシへの掲載や特別な陳列など，メーカーの販売活動を流通業が支援した際に支払われる金銭的な見返りを(⑧ 　　　　　　　)と呼ぶ。

2 非金銭的セールス・プロモーション

教科書 p.158〜159

Check!☐☐

1）サンプリング

(⑨ 　　　　　　　)とは試供品を提供することである。商品を使用してもらうことにより，便益や特徴の理解を促進することができる。高額商品などにおいては，一定期間貸し出して利用してもらう(⑩ 　　　　　　　)が行われることもある。

2）プレミアム

商品購入に付随した「おまけ」のことを(⑪ 　　　　　　　)という。限定版パッケージも(⑪)の一つである。また，(⑪)の入手を目的とした購買がみられることもある。

3）懸賞

当選者に景品などを提供する(⑫ 　　　　　　)には，自社商品の購入を条件とする，(⑬ 　　　　　　　)と，条件としない(⑭ 　　　　　　　)がある。(⑬)では，(⑮ 　　　　　　　)により，景品類の最高額や総額が定められている。

4）増量パック

（⑯　　　　　　　　　　　）は，通常よりも容量を増やした商品を提供することである。直接的な値引きに比べると，低価格で販売されているイメージが形成されにくいが，消費者にはお買い得感を抱かせることができる。

5）POP広告

POPとは（⑰　　　　　　　　　　　）を意味しており，商品のプライスカードなど，店頭や店内に掲出される広告のことを（⑱　　　　　　　　　　　）と呼ぶ。

6）デモンストレーション

（⑲　　　　　　　　　　　　　　　　　）とは，実演販売のことである。消費者に商品を体験してもらう販売促進であり，一例として，店頭での試食販売があげられる。

3　店舗内購買行動の理解

Check!

教科書 p.160〜164

1）店舗内での消費者行動

店舗の入口から出口までの消費者が移動する線のことを（⑳　　　　　　　）という。（⑳）が長くなると，滞在時間が増加し，（㉑　　　　　　　　　　）が促進されるため，売上が向上しやすくなる。（㉑）に対し，来店前から計画されたものを（㉒　　　　　　　　　）という。

2）棚割

店舗はそれぞれの商品を陳列棚のどこに配置するのかという（㉓　　　　　　　）を決めている。陳列位置によって売上が左右されるため，メーカーの担当者は自社に有利な（㉓）の実現を目指している。

〈1〉グルーピング…商品を一定のグループ分けして陳列すること。比較検討してもらう（㉔　　　　　　　　　　）を促す場合は，同じカテゴリー内の（㉕　　　　　　　　　　）を集めて陳列する。また，関連購買を促す（㉖　　　　　　　　　　）は，販売機会を増やすことができる。

〈2〉ゾーニング…グルーピングされた商品群が陳列される（㉗　　　　　　　　）を決めること。目線よりやや下の商品は選ばれやすいため，ここを（㉘　　　　　　　　　　　）という。

〈3〉（㉙　　　　　　　　　　　）…商品棚に商品を何列並べるかを決めること。

3）特別な陳列方法

〈1〉エンド陳列…（㉚　　　　　　　　　）と呼ばれる陳列棚の端で行われる陳列。大量に陳列でき，かつ主要な動線に面していることが多く，買い物客の目にとまりやすい。

〈2〉島陳列…店内の広いスペースに島のように設置された台やカゴなどで行われる陳列。大量に陳列することで，（㉛　　　　　　　）のイメージと結びつき割安感を演出できる。

〈3〉ステージ陳列…衣料品店などで売り場に（㉜　　　　　　　　　）を設けて陳列する方法。

5章 商品の販売

正答数 ／20問

1 次の(1)〜(5)のうち，条件にあてはまるものにはAを，それ以外にはBを書きなさい。

●条件 金銭的セールス・プロモーション

(1) スマートフォンアプリを通じて提供される割引クーポン

(2) 自社商品の購入を条件に，当選者に景品を提供するクローズド懸賞

(3) メーカーの販売活動を流通業が支援した際に支払われるアローワンス

(4) 高額商品を一定期間貸し出して利用してもらうモニタリング

(5) 対象商品の購入に対して，現金を割り戻すキャッシュバック

(1)		(2)		(3)		(4)		(5)	

2 次の各文の下線部が正しい場合は○を，誤っている場合は正しい語句を書きなさい。

(1) 店頭での試食販売のように，消費者に商品を体験してもらうことを<u>デモンストレーション</u>という。

(2) 商品のプライスカードのように，店頭や店内に掲出される広告を<u>SNS広告</u>という。

(3) <u>増量パック</u>は，通常よりも容量を増やした商品を提供することである。

(4) 商品購入に付随したおまけのことを<u>プレゼンテーション</u>という。

(5) <u>サンプリング</u>とは試供品を提供し，商品を使用してもらうことで，便益や特徴を理解してもらうことである。

(1)		(2)		(3)	
(4)		(5)			

3 次の(1)〜(5)に最も関係の深いものを解答群から選び，記号で答えなさい。

【解答群】

(1) 来店前から購入する商品を決めている購買 　　　　　ア．関連購買

(2) 店舗内で必要性を思い出して行われる購買 　　　　　イ．計画購買

(3) 購入される他の商品との関連性から行われる購買 　　ウ．条件購買

(4) 価格などの条件が適合することによって引き起こされる購買 　エ．衝動購買

(5) 自らの欲求のために，衝動的に引き起こされる購買 　　オ．想起購買

(1)		(2)		(3)		(4)		(5)	

4 下記の図はあるスーパーマーケットの店内図である。図の中に「エンド陳列」，「島陳列」，「レジ前陳列」が行える位置を記入しなさい。また，それぞれの陳列方法の特徴をそれぞれ20字程度で記述しなさい。

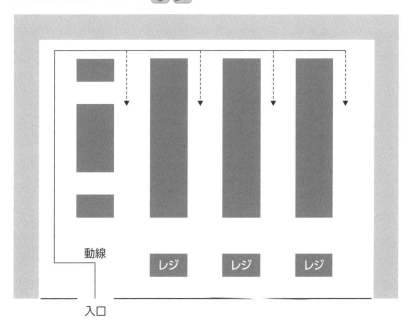

エンド陳列…

島　陳　列…

レジ前陳列…

5 小売店では，例えばカレールーのようにメーカー各社から発売されている同じ商品カテゴリーを，一か所に集めて陳列している。これは，どのような理由が考えられるか，「比較購買」，「グルーピング」，「商品アイテム」という用語を用いて60字程度で記述しなさい。

◆ 探究問題　5

1 あなたが最近購入した商品について，体験した販売員活動を書き出してみよう。

2 ①の販売員活動が，あなたにとってAIDAモデルのどの段階に相当するのかを考えてみよう。

3 あなたが最近体験した非金銭的セールス・プロモーションについて書き出してみよう。

4 ③で体験したセールス・プロモーションが，非計画購買につながっているかについて考えてみよう。また，その非計画購買がどの種類に当てはまるのかについても考えてみよう。

1回目□
2回目□

(1) 卸売業や小売業などの企業を対象に行われる人力による販売活動。（　　　）

□(2) 販売員が顧客に対する「手厚いもてなし」のこと。（　　　）

□(3) 消費者が商品を知り購入に至るまでの過程。（　　　）

□(4) 従業員を顧客のように捉え，その満足度を表したもの。（　　　）

□(5) 企業内部の従業員に対するマーケティング活動。
（　　　）

□(6) 従業員と顧客との間で双方向的に行うマーケティング活動。
（　　　）

□(7) 消費者や流通業に働きかけ，直接的に売上向上に結びつける活動のこと。
（　　　）

□(8) 来店客に別の商品を購入してもらうことを目的とした，利益度外視で値引きする商品。（　　　）

□(9) 新商品の導入時に一時的に価格を引き下げる戦略。（　　　）

□(10) 雑誌や新聞，今日ではWebサイトやスマートフォンアプリで提供される割引を約束した券。（　　　）

□(11) メーカーの販売活動を流通業が支援した際に支払われる金銭的な見返りのこと。（　　　）

□(12) 試供品を提供すること。
（　　　）

□(13) 一定期間試供品を貸し出して利用してもらうこと。（　　　）

□(14) 商品購入に付随した景品，いわゆる「おまけ」のこと。（　　　）

□(15) クチコミなどで他者に影響を及ぼす人のこと。（　　　）

□(16) 店頭や店内に掲出される広告のこと。（　　　）

□(17) 店舗の入口から出口までの消費者が移動する線のこと。（　　　）

□(18) 来店前に計画のなかった商品を購入すること。（　　　）

□(19) 陳列棚のどこに商品を配置するのかを決めること。（　　　）

□(20) 複数の商品を比較して購入を決めること。（　　　）

□(21) 商品を一定のグループに分けること。（　　　）

□(22) グルーピングされた商品群が陳列される区画（ゾーン）を決めること。
（　　　）

□(23) 商品棚に商品を何列並べるかを決めること。（　　　）

□(24) エンドと呼ばれる陳列棚の端で行われる陳列。（　　　）

□(25) 店内の広いスペースに島のように設置された台やカゴなどで行われる陳列。（　　　）

□(26) 売り場にステージを設けて商品を目立たせる陳列。（　　　）

▲アプリはこちらから

アプリでほかの問題にもチャレンジしてみよう！

1節 商品開発の新たな展開

教科書 p.170〜175

● 要点整理

正答数 ／25問

教科書の内容についてまとめた次の文章の（　）にあてはまる語句を書きなさい。

1 顧客参加型商品開発

教科書 p.170

Check!

（① 　　　　　　　　　　）とは，顧客に商品の企画段階から完成までの開発プロセスで参加してもらい，商品開発を行う企業と顧客がアイディアと意見を交換しながら新商品の開発を行うことである。

2 デザイン思考

教科書 p.171

Check!

目に見える意匠計画，図案，設計を手掛けるデザイナーの問題解決の方法を，デザイナー以外の人も取り入れようとする考えを（② 　　　　　　　　）という。この考えを組織で実現するプロセスは，次の五段階で示される。

（③ 　　　）	ユーザーの行動に寄り添い，理解することで何が問題かを発見する。
（④ 　　　）	解決するユーザーの問題やニーズを絞り込み，特定化する。
（⑤ 　　　）	新しい解決方法となるコンセプトやアイディアを生み出す。
試作（プロトタイプ）	アイディアを目に見える形で作ってみる。
（⑥ 　　　）	ユーザーに評価，試用してもらうことで改善点を発見する。

3 クラウドソーシングを活用した商品開発

教科書 p.172

Check!

（⑦ 　　　　　　　　　　）は，企業外部の人々からアイディアを広く募り，商品開発に取り入れる活動である。従来の調査手法と比較すると，以下のような違いがある。

	従来の調査方法	クラウドソーシング
調査対象者の選出方法	無作為に消費者から選出する。	消費者自らが（⑧ 　　　　）する。
情報収集の範囲	調査対象者のみから収集する。	幅広い（⑨ 　　　　）の消費者から収集する。
開発情報の開放度合	基本的には社外に開示しない。	外部に一部公開する。

4 クラウドファンディング

教科書 p.173

Check!

1）クラウドファンディングによる商品開発

（⑩ 　　　　　　　　　　）は，インターネット上に新商品のアイディアや実現したいことを公表し，賛同してくれた支援者から資金を広く募る仕組みである。

これには，返礼がある（⑪ 　　　　　　　）と返礼がない（⑫ 　　　　　　　）がある。

2）クラウドファンディングに参加した支援者と企業のメリット

　支援者には新商品を早く入手できる，場合によっては支援者限定の新商品を入手できるなどのメリットがある。また，企業には発売前に売上の（⑬　　　　　　　　）が可能となる，改善のアドバイスが得られるといったメリットがある。

5 ソーシャル・メディアとテクノロジー

教科書 p.174～175

Check!

1）クチコミ

　商品やブランドに関して，人の口から口へ消費者間で交わされるコミュニケーションを（⑭　　　　　　　）という。元来，家族やクラスメイトなど，社会的な繋がりを持つ者同士が直接（⑮　　　　　　　）で行うコミュニケーションを指していたが，近年ではインターネット上で交換し合う（⑯　　　　　　　）でのコミュニケーションも含める。

　企業と消費者の間に（⑰　　　　　　　　）がないので，ここで得られた評価情報は信頼される傾向にある。

2）ソーシャル・メディア

　誰もが参加可能で，双方向のコミュニケーションをインターネット上で実現できるツールを（⑱　　　　　　　　　）という。消費者同士だけでなく，消費者と企業が直接コミュニケーションを取ることも可能である。消費者一人ひとりが情報の受け手と送り手の役割を果たすので，企業は今まで以上に，消費者の意見に注意を向ける必要がある。

3）ビッグデータ

　膨大かつ複雑なデータを（⑲　　　　　　　　　　）という。単に情報を処理するだけではなく，コミュニケーションを可能にする技術，つまり（⑳　　　　　　　）（情報通信技術）が発展したことや，高度な（㉑　　　　　　　　）の開発が進んだことから，企業のこうしたデータの活用が可能となった。

4）AI

　人工知能とも和訳されるもので，コンピュータに人間の知的活動を行わせようとするプログラムやシステムのことを（㉒　　　　　　）という。企業が抱えるさまざまな課題に，新たな解決方法を見出す目的で活用されている。コンピュータ自身がデータから反復的に学び，自動で修正を行い，予測や判別をする技術である（㉓　　　　　　　）や，より複雑な課題の処理を可能とする（㉔　　　　　　　）も（㉒）の一部とされている。

5）GIS

　地理情報システムのことを（㉕　　　　　　　）という。デジタル化された地図情報に人口分布や年齢，収入など，さまざまな情報を統合させ，一つのデータとして視覚的に示すことが可能である。

1 次の(1)〜(5)の￹￺にあてはまるものを解答群から選び，記号で答えなさい。

　商品開発の新たな展開として，顧客と一緒に開発を進める　(1)　が行われている。その結果，従来の商品開発と比較して，顧客のニーズを捉えた商品を作りやすくなった。また，商品開発の際に　(2)　を取り入れる企業は増えている。これは，デザイナーの問題解決の方法をデザイナー以外の人にも取り入れようとする考えで，次の5段階で進められる。

(3)	観察などを通じてユーザーの行動に寄り添い，理解することで，何が問題なのかを発見する。
定義	解決するユーザーの問題やニーズを絞り込み，特定化する。
(4)	解決すべき課題に対し，新しい解決方法となるコンセプトやアイディアを生み出す。
(5)	アイディアを目に見える形で作ってみる。
テスト	ユーザーに評価・試用してもらうことで改善点を発見する。

【解答群】　ア．概念化　　イ．デザイン思考　　ウ．共感　　エ．顧客参加型商品開発
　　　　　オ．試作（プロトタイプ）

(1)		(2)		(3)		(4)		(5)	

2 次の(1)〜(5)のうち，条件にあてはまる説明にはAを，それ以外にはBを書きなさい。

●条件　クラウドソーシング

(1)　専門的技術やスキルを有するデザイナーやクリエーターに限定せず，不特定多数の消費者から商品開発のアイディアを募る。

(2)　調査対象者の選出方法は，消費者自らが応募するのではなく，消費者を無作為に抽出して行う。

(3)　情報収集の範囲は，幅広い属性の消費者から情報を収集するのではなく，調査対象者のみから情報を収集する。

(4)　開発情報の開放度合は，外部に開発情報の一部を公開するのではなく，基本的には社外に開発情報を開示しない。

(5)　商品開発に関するアイディアだけでなく，専門的技術やスキルそのものを外部から募集することもある。

(1)		(2)		(3)		(4)		(5)	

3 次の(1)～(5)に最も関係の深いものを解答群から選び，記号で答えなさい。

(1) 広告を制作する技術者や，制作現場に関わるアート・ディレクターやコピーライター，イラストレーター，カメラマンの総称。

(2) クラウドファンディングのうち，支援者が返礼を求めて資金を提供するタイプ。

(3) 企業や自治体などから依頼を受けて，目に見える意匠計画，図案，設計を手掛ける人。

(4) 単に情報を処理するだけではなく，コミュニケーションを可能とする技術。

(5) コンピュータに人間と同じような学習をさせて，分析させること。

【解答群】　**ア**．ICT　　**イ**．機械学習　　**ウ**．デザイナー　　**エ**．購入型
　　　　　オ．クリエーター

(1)		(2)		(3)		(4)		(5)	

4 次の(1)～(5)の下線部と同じ意味のものを解答群から選び，記号で答えなさい。

(1) 商品やブランドに関して消費者間で交わされるコミュニケーションのことで，従来の口頭で行うものだけでなく，インターネット上で不特定多数の人々が非口頭で行うものも含める。

(2) 地理情報システムを意味し，さまざまな情報を統合すれば，それぞれのデータを活用して地域ごとの違いを踏まえたアプローチが可能となる。

(3) 膨大かつ複雑なデータを利用することで，Webサイトの閲覧履歴からユーザーの好みを予測し，分析結果を組み合わせて商品開発に活かすことができる。

(4) コンピュータに人間の知的活動を行わせようとするプログラムやシステムのことで，企業が抱えるさまざまな課題に新たな解決方法を与えている。

(5) 誰もが参加可能で，双方向のコミュニケーションをインターネット上で実現できるツールを活用すると，企業は今まで以上に消費者の意見を得ることができる。

【解答群】　**ア**．GIS　　**イ**．ビッグデータ　　**ウ**．ソーシャル・メディア　　**エ**．AI
　　　　　オ．クチコミ

(1)		(2)		(3)		(4)		(5)	

5 教科書p.173の本文を参考にして，クラウドファンディングを実施する企業のメリットを記述しなさい。

6章
商品開発と流通に関わる新たな展開

2節 流通の新たな展開

教科書 p.176〜179

● 要点整理

正答数 ／6問

教科書の内容についてまとめた次の文章の（　）にあてはまる語句を書きなさい。

Check!

1 流通とメーカーによる共同開発

教科書 p.176〜177

1）商品の共同開発

（①　　　　　　　　　　　）は，チャネルの異なる段階に位置するメーカーと流通業で商品開発を進めるもので，近年は多くみられる。

2）プライベートブランド商品

メーカーがブランドを作り上げた（②　　　　　　　　　　　　）（NB商品）に対し，流通業が展開する（③　　　　　　　　　　　　）（PB商品）も増えている。

Check!

2 ダイレクト・マーケティングとワン・トゥ・ワン・マーケティング

教科書 p.178〜179

1）ダイレクト・マーケティングの進歩

（④　　　　　　　　　　　）は，特定の消費者に直接アプローチするマーケティングである。

2）ワン・トゥ・ワン・マーケティング

（⑤　　　　　　　　　　　　　）は，一人ひとりの顧客の好みや属性に基づき，個別に行われるマーケティングである。行動履歴から，顧客に興味や関心がありそうな情報を提供する（⑥　　　　　　　　　　　）も典型的な手法の一つである。

▶Step 問題

正答数 ／5問

1 次の(1)〜(5)に最も関係の深いものを解答群から選び，記号で答えなさい。

(1) チャネルの異なる段階に位置する，メーカーと流通業で進める商品開発

(2) 特定の消費者に直接アプローチするマーケティング

(3) 一人ひとりの顧客の好みや属性に基づき，個別に行われるマーケティング

(4) スーパーマーケットやコンビニエンスストアなど，流通業が開発をする商品

(5) 企業などに対し，個人を特定できる情報の適正な取り扱い方法を定めた法律

【解答群】　ア．プライベートブランド商品　　イ．垂直的共同開発　　ウ．個人情報保護法

エ．ワン・トゥ・ワン・マーケティング　　オ．ダイレクト・マーケティング

(1)		(2)		(3)		(4)		(5)	

3節 感覚を活かした商品開発・流通 教科書 p.180〜182

● 要点整理　　　　　　　　　　　　　　　　　　正答数　／6問

教科書の内容についてまとめた次の文章の（　　）にあてはまる語句を書きなさい。

五つの感覚である視覚，聴覚，嗅覚，触覚，味覚に働きかけ，消費者の行動に影響を与えるマーケティングを（①　　　　　　　　　　　　　　　）という。

1 視覚への影響　　　　　　　　　　　　　　　教科書 p.180

1）照明

店舗内が明るいと多く商品を手に取り，暗いと長時間（②　　　　　　　　　）する傾向にある。

2）商品やパッケージの視覚的特性

色の場合，赤は気分を高め，（③　　　　　　　　　）を加速させ，青は冷静な判断を促す。

2 聴覚への影響　　　　　　　　　　　　　　　教科書 p.181

1）商品要素としての音

低く重厚な音に（④　　　　　　　）を感じるなど，音は商品の消費経験を豊かにする。

2）環境要素としての音楽

店舗内で流れる（⑤　　　　　　　）は，店舗内の雰囲気や商品の印象を変化させる。

3 嗅覚への影響　　　　　　　　　　　　　　　教科書 p.182

独自性が高い香りは，ブランド特有の消費経験を想起させやすい。

4 触覚への影響　　　　　　　　　　　　　　　教科書 p.182

軽さや（⑥　　　　　　　）の良さが，購入の決め手となることがある。

▶Step問題　　　　　　　　　　　　　　　　　　正答数　／5問

1 次の(1)〜(5)のうち，条件にあてはまるものにはAを，それ以外にはBを書きなさい。

●条件　感覚マーケティングでの視覚への影響

(1) パッケージのサイズが大きいほど，一度あたりに消費する量は減る傾向がある。

(2) 光の波長の違いにより，興奮させたり落ち着かせたりする効果がある。

(3) 店舗内を明るくするほど，消費者は長時間滞在する傾向にある。

(4) 赤は消費者の気分を高め，衝動買いを加速させる。

(5) BGMは店舗内の雰囲気を色付けし，フィットする商品の評価を高める効果がある。

(1)		(2)		(3)		(4)		(5)	

1 顧客参加型商品開発を意識して，「世界各地で栽培されている，日本では珍しい果物の加工食品」で商品開発する際の問題点を書き出してみよう。

2 ①の新商品の問題点を絞り込み，特定化できるようにするためには，どのようなことが必要か書き出してみよう。

3 ①の新商品の解決すべき課題に対し，新しい解決方法となるコンセプトやアイディアを書き出してみよう。

4 デザイン思考で考えた場合，①〜③の段階の次以降に行うことは何か書き出してみよう。

1回目□
2回目□
(1) 商品の企画段階から完成までの開発プロセスにおいて顧客に参加してもらいながら進める商品開発。
（　　　　　　　）

□
□ (2) デザイナーの問題解決の方法をデザイナー以外の人も取り入れようとする考え方。（　　　　　　　）

□
□ (3) 企業外部の人々から広く必要なアイディアを募り，そのアイディアを商品開発などに生かす活動。
（　　　　　　　）

□
□ (4) インターネット上で新商品のアイディアや実現したいことを公表し，賛同してくれた支援者から資金を広く集める仕組み。
（　　　　　　　）

□
□ (5) 商品やブランドに関して消費者間で交わされるコミュニケーションによる情報伝達のこと。（　　　　　　　）

□
□ (6) ICTの進歩によって収集が可能になった膨大かつ複雑なデータ。
（　　　　　　　）

□
□ (7) コンピュータに人間の知的活動を行わせようとするプログラムやシステム。（　　　　　　　）

□
□ (8) 地図情報にさまざまな情報を統合させ，一つのデータとして視覚的に示す地理情報システムのこと。
（　　　　　　　）

□
□ (9) メーカーと流通といった異なるチャネル段階に属する企業が共に行う商品開発。（　　　　　　　）

□
□ (10) メーカーがブランドを作り上げた商品。（　　　　　　　）

□
□ (11) 流通業が自主企画し，自らの店舗やその系列店だけで販売する商品。
（　　　　　　　）

□
□ (12) 特定の消費者に直接アプローチするマーケティングの総称。
（　　　　　　　）

□
□ (13) インターネットを通じて行われる買物行動。
（　　　　　　　）

□
□ (14) 顧客一人ひとりの好みや属性を基にして個別に行うダイレクト・マーケティングのこと。
（　　　　　　　）

□
□ (15) Webサイトで商品を購入する際に，行動履歴（購入や閲覧）をもとに，お薦め商品が提示される仕組み。
（　　　　　　　）

□
□ (16) 企業などに対して，個人を特定できる情報について，適正な取り扱い方法を定めた法律。（　　　　　　　）

□
□ (17) 消費者の視覚，聴覚，嗅覚，触覚，味覚という五感に働きかけ，消費者の行動に影響を与えるマーケティング。
（　　　　　　　）

6章

商品開発と流通に関わる新たな展開

▲アプリはこちらから

アプリでほかの問題にもチャレンジしてみよう！

●目標設定＆振り返りシート●

　本書での学習を進めるにあたり，各章ごとに記録をつけながら学習態度を振り返ったり，目標を設定したりしましょう。重要用語の確認は得点を記入し，探究問題は，自分自身がよくできたと感じた場合は一番左のチェックボックスにチェックをつけましょう。できたと感じた場合は真ん中，できなかったと感じた場合は一番右のチェックボックスにチェックをつけましょう。メモ欄には，「記述問題の正答数を増やす」など，次の章の学習で自分自身が目標にしたい内容を書き込んでください。またそれができたかも振り返りながら，学習を進めて行きましょう。

fight!

1章　商品開発と流通の概要　　　　　　　　　　　　　　　　p.2〜p.19

探究問題(p.18) ☐☐☐
重要用語の確認(p.19)　　1回目　　/23問　　2回目　　/23問
メモ

2章　商品の企画　　　　　　　　　　　　　　　　　　　　　p.20〜p.37

探究問題(p.36) ☐☐☐
重要用語の確認(p.37)　　1回目　　/22問　　2回目　　/22問
メモ

3章　事業計画の立案　　　　　　　　　　　　　　　　　　　p.38〜p.51

探究問題(p.50) ☐☐☐
重要用語の確認(p.51)　　1回目　　/18問　　2回目　　/18問
メモ

4章　商品の開発　　　　　　　　　　　　　　　　　　　　　p.52〜p.77

探究問題(p.76) ☐☐☐
重要用語の確認(p.77)　　1回目　　/18問　　2回目　　/18問
メモ

5章　商品の販売　　　　　　　　　　　　　　　　　　　　　p.78〜p.87

探究問題(p.86) ☐☐☐
重要用語の確認(p.87)　　1回目　　/26問　　2回目　　/26問
メモ

6章　商品開発と流通に関わる新たな展開　　　　　　　　　　p.88〜p.95

探究問題(p.94) ☐☐☐
重要用語の確認(p.95)　　1回目　　/17問　　2回目　　/17問
メモ

商品開発と流通 準拠問題集 [解答・解説]

1章 商品開発と流通の概要
1節 私たちの生活と商品

● 要点整理 p.2

①自給自足　②余剰生産物　③物々交換　④流通
⑤貨幣　⑥市場　⑦商品　⑧売り手　⑨買い手
⑩便益　⑪利益　⑫属性の束　⑬便益の束
⑭実態部分　⑮付随部分　⑯有形財
⑰無形財(サービス)　⑱技術革新
⑲イノベーション　⑳シェアリング・エコノミー
㉑ビジネス・モデル　㉒人材　㉓生産設備　㉔資金
㉕データ　㉖経営資源　㉗ブランド　㉘ニーズ
㉙ウォンツ　㉚需要　㉛有用性　㉜顧客満足度
㉝ロイヤルティ　㉞収益性
㉟持続可能性(サステナビリティ)
㊱SDGs　㊲消費財　㊳生産財　㊴最寄品
㊵買回品　㊶専門品　㊷非探索品　㊸ブランド
㊹ブランド・マネジャー　㊺商品アイテム
㊻商品ライン　㊼商品グループ・マネジャー
㊽経営陣　㊾商品ミックス　㊿幅　51深さ
52フルライン企業　53パートライン企業
54多角化

▶Step問題 p.5

❶ (1)エ　(2)イ　(3)ウ　(4)オ　(5)ア
❷ (1)ア　(2)イ　(3)ウ　(4)ア　(5)イ
❸ (1)B　(2)A　(3)A　(4)B　(5)A
❹ (1)ウ　(2)イ　(3)オ　(4)ア　(5)エ
❺ (1)イ　(2)オ　(3)エ　(4)ウ　(5)ア
❻ (1)○　(2)顧客満足度　(3)○　(4)収益性　(5)○
❼ (1)イ　(2)ア　(3)ウ　(4)エ　(5)カ
❽ (1)ア　(2)ウ　(3)エ　(4)イ　(5)ア
❾ (1)幅　(2)フルライン企業　(3)○　(4)多角化
　　(5)○

1章 商品開発と流通の概要
2節 商品開発の意義と手順

● 要点整理 p.8

①商品開発　②モデルチェンジ　③新しい用途
④停止　⑤改良品　⑥追加ライン商品　⑦リスク
⑧利益　⑨商品ライフサイクル
⑩ブランド・レベル　⑪業界レベル　⑫導入期
⑬新規需要　⑭広告　⑮赤字　⑯成長期
⑰類似商品　⑱市場規模

⑲ブランド・ロイヤルティ　⑳営業力
㉑流通チャネル　㉒生産力　㉓成熟期　㉔買い替え
㉕買い増し(㉔㉕は順不同)　㉖コモディティ化
㉗価格競争　㉘衰退期　㉙技術革新　㉚好み
㉛規制　㉜改良　㉝廃棄　㉞マーケティング
㉟延命策　㊱環境分析　㊲市場調査
㊳商品コンセプト　㊴アイディア・スクリーニング
㊵ポジショニング・マップ　㊶コンセプトテスト
㊷商品開発の意思決定　㊸事業計画　㊹収益
㊺商品　㊻価格　㊼流通　㊽プロモーション(㊺～
㊽は順不同)　㊾商品仕様　㊿詳細設計
51プロトタイプ　52社内テスト　53消費者テスト
54市場テスト　55テスト・マーケティング
56市場導入　57フィードバック　58改良
59リニア型開発　60ノンリニア型開発

▶Step問題 p.11

❶ (1)B　(2)A　(3)A　(4)A　(5)B

■解答のポイント

□企業は商品の見直しを常に行っており，時代
遅れになった商品は取り下げ，新しい商品を
市場に導入している。
ヒット率は１割に満たないものがほとんどで
ある。飲料業界には「千三つ」（千個の新商品
のうち，ヒットするのは三個＝0.3%）という
言葉もある。

❷ (1)A　(2)B　(3)A　(4)B　(5)B
❸ (1)導入期　(2)成長期　(3)成熟期　(4)衰退期
　　例赤字の理由…高額な研究開発費やプロモー
　　ション費がかかっているものの，売上高が低
　　いため。

■解答のポイント

□初期投資した費用に気付いているか。

❹ (1)○　(2)○　(3)増強　(4)少なくなる　(5)○
❺ (1)イ　(2)エ　(3)ア　(4)ウ　(5)オ
❻ (1)市場調査　(2)商品コンセプトの策定
　　(3)事業計画の立案　(4)プロトタイプの作成
　　(5)プロトタイプの評価と改善
❼ (1)ア　(2)ウ　(3)エ　(4)イ
　　例特徴…独立した各部門が担当する段階を完了
　　させ，次の部門に引き継ぐこと。

□教科書p.28「リニア型開発」の内容が要約で
きていればよい。

1章 商品開発と流通の概要
3節 商品と流通との関わり

● 要点整理   p.14

①直接流通　②要望　③感想　④間接流通
⑤流通業　⑥小売業　⑦卸売業
⑧取引総数最小化の原理　⑨調整機能
⑩交渉　⑪情報伝達　⑫保管　⑬危険負担
⑭上昇　⑮時間　⑯情報伝達　⑰標準化
⑱マス・マーケティング　⑲多様化
⑳ダイレクト・マーケティング　㉑通信販売
㉒電子商取引　㉓配置販売　㉔流通チャネル
㉕マルチチャネル・マーケティング
㉖オムニチャネル

▶ Step 問題   p.15

❶ (1)A　(2)A　(3)B　(4)B　(5)A
❷ (1)ア　(2)エ　(3)ウ　(4)イ
　　例特徴…直接流通は消費者と生産者の間で情報
　　のやり取りが直接行えるので，消費者は生産
　　者に商品に対する要望や感想を正確に伝える
　　ことができる。

□直接流通では，情報の流れを示す線が1本だ
　けなのが分かりやすい特徴である。
□この他にも「商品の到着までに時間がかから
　ない」という点も特徴として挙げられる。

❸
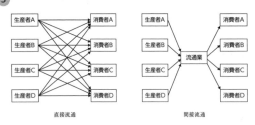

直接流通　　　　　　　　　　　間接流通

直接流通の取引総数　16回
間接流通の取引総数　8回

❹ (1)A　(2)B　(3)B　(4)B　(5)A
❺ 例菓子メーカーの立場…
　　導入したオフィスの数だけ売り場が増え，売
　　上の増加が見込める。また，独占的に自社商
　　品だけを販売できる。

例消費者の立場…
　　外出することなく，オフィス内ですぐに購入
　　できる。定期的に補充してもらえるのでいつ
　　でも購入できる。

□他メーカーの商品が置かれないため，独占販
　売できるという点にも気付けたか。
　コンビニエンスストアは「便利さ」が特徴だ
　が，配置販売は，店舗に行く手間を省いてい
　ることにも気付けたか。

❻　例一般消費者や小規模の法人顧客に向けては，
　　複数の流通業を利用してマス・マーケティン
　　グを行う一方，性能にこだわりのある一般消
　　費者や大規模の法人顧客に対しては，ダイレ
　　クト・マーケティングを行っている。

□ダイレクト・マーケティングが直接流通であ
　ることに気付けたか。
□マス・マーケティングにおいても複数の流通
　チャネルがあるのがマルチチャネル・マーケ
　ティングの特徴であることを理解している
　か。

◆ 探究問題 1   p.18

【解答例】●参照：p.8/1 私たちの生活と商品・p.19/2 商品開発の意義と手順

❶ あなたの身の回りにある商品で，SDGsの取り組みから開発された商品について書
き出してみよう。

例　節水トイレ
　　（目標6：安全な水とトイレを世界中に）

❷ ①であげた商品には，どのような技術革新が使われているのか考えてみよう。

例　便器洗浄用の水を貯めておくタンクがない，タンク
　　レスになっている。
　　陶器から汚れが付きにくい素材に変わっている。

❸ ①であげた商品は，どのようなニーズを満たしているのか，またどのような便益をも
たらしているのかについて考えてみよう。

例　直接水道管から水を流す仕組みの節水仕様なので，
　　水の使用量を減らしたいというニーズを満たしている。
　　シンプルな形状になり，これまで面倒だったトイレ
　　掃除を簡単に済ませられるという便益をもたらした。

❹ ①であげた商品が，現在商品ライフサイクルの中でどの段階にあるのかについて考え
てみよう。

例　国内においては成熟期にあると考えられる。

■解答のポイント

❶□SDGsに関する話題を，新聞やインターネットなどの情報源から見つけることができたか。

❷□技術革新が分かりやすい例としては，家電品などが挙げられる。❶と関連して，企業のホームページなどを参照してほしい。

❸□ここではSDGsの視点でニーズを捉えていることに気付けているか。

❹□現在はスマートフォンも成熟期に到達しており(教科書p.22参照)，販売され続けているほとんどの商品は成熟期にあることに気付けているか。

■重要用語の確認 1 p.19

(1)自給自足 (2)物々交換 (3)便益
(4)イノベーション (5)ビジネス・モデル
(6)ブランド (7)ニーズ (8)ウォンツ (9)顧客満足度
(10)ロイヤルティ (11)持続可能性(サステナビリティ)
(12)消費財 (13)生産財 (14)商品アイテム
(15)商品ライン (16)商品ミックス (17)モデルチェンジ
(18)商品ライフサイクル (19)コモディティ化
(20)価格競争 (21)取引総数最小化の原理
(22)電子商取引 (23)流通チャネル(流通経路)

2章 商品の企画

1節 環境分析と意思決定の準備

要点整理 p.20

①新商品コンセプト ②目標コスト ③チーム
④多様性 ⑤リーダーシップ能力
⑥コミュニケーション能力 ⑦必要 ⑧環境分析
⑨マクロ環境 ⑩ミクロ環境 ⑪PEST分析
⑫政治的 ⑬経済的 ⑭社会的 ⑮技術的
⑯法律 ⑰政治的情勢
⑱コンプライアンス(法令遵守)
⑲経済状況 ⑳リーマンショック ㉑人口動態
㉒過疎化 ㉓交通混雑 ㉔居住環境(㉓㉔は順不同)
㉕新技術 ㉖IoT ㉗顧客 ㉘自社 ㉙競合企業
(㉗～㉙は順不同) ㉚3C分析 ㉛不満 ㉜問題
(㉛㉜は順不同) ㉝経営状況 ㉞経営資源
㉟技術 ㊱組織文化 ㊲VRIO分析 ㊳市場
㊴競合企業 ㊵新規参入企業 ㊶SWOT分析
㊷強み ㊸弱み ㊹機会 ㊺脅威 ㊻プラス要因
㊼マイナス要因 ㊽内部環境 ㊾外部環境
㊿機会 (51)商品開発の意思決定 (52)開発方針
(53)企業理念 (54)ミッション (55)導入期 (56)成長期
(57)成熟期 (58)衰退期 (59)開発テーマ
(60)マス・マーケティング (61)セグメンテーション
(62)標的市場(ターゲット) (63)ターゲティング
(64)ポジショニング
(65)ターゲット・マーケティング (66)STP
(67)市場細分化 (68)細分化変数 (69)人口統計的変数
(70)地理的変数 (71)行動的変数 (72)心理的変数
(73)標的市場の選定 (74)類似 (75)異なる
(76)好ましい

▶Step問題 p.24

1 (1)A (2)A (3)B (4)A (5)B
2 (1)ウ (2)ア (3)エ (4)ウ (5)イ
3 (1)ウ (2)イ (3)ア (4)エ (5)オ
4

	プラス要因	マイナス要因
内部環境	(1)強み	(2)弱み
外部環境	(3)機会	(4)脅威

5 (1)A (2)B (3)A (4)A (5)B
6 (1)エ (2)イ (3)ア (4)ウ (5)ア
7 (1)オ (2)エ (3)ア (4)イ (5)ウ
8 例政治的要因…
緊急事態宣言が発出され，外出の自粛が要請された。
ニーズ…自宅でも外食気分を味わいたい。
新商品…レストランなどでテイクアウトメニューが増えた。

例経済的要因…
GIGAスクール構想の端末整備のための補助金が支給された。
ニーズ…自宅学習のために１人１台の端末が必要になった。
新商品…機能を絞った廉価版のタブレットPCが開発された。

例社会的要因…
インターネット通信販売の普及に伴い，宅配便の取扱量が増えた。
ニーズ…自分の好きな時間に荷物を受け取りたい。
新商品…駅やコンビニエンスストアに宅配便の受け取りロッカーが設置された。

例技術的要因…
不織布やウレタン素材以外にもマスクが作れ

るようになった。

ニーズ…暑い日にマスクをしても快適に過ご
したい。

新商品…キシリトール加工や，接触冷感素材
のマスクが発売された。

2章 商品の企画
2節 市場調査

● 要点整理 　　　　　　　　　　　　　　p.27

①情報　②分析　③意思決定　④アイディア創出

⑤アイディア評価　⑥調査手法の選択

⑦調査の実行　⑧情報の分析と解釈

⑨調査結果の提示　⑩定性調査　⑪顕在ニーズ

⑫潜在ニーズ　⑬定量調査　⑭仮説

⑮アンケート調査　⑯分析　⑰結果の解釈　⑱文書

⑲図表(⑱⑲は順不同)　⑳報告書　㉑資料調査

㉒２次データ　㉓外部資料　㉔内部資料

㉕実態調査　㉖インタビュー法　㉗観察法

(㉖㉗は順不同)　㉘アンケート

㉙インタビュー法　㉚デプス・インタビュー

㉛フォーカス・グループ・インタビュー　㉜観察法

㉝行動観察　㉞参与観察　㉟アンケート

㊱調査主旨　㊲フェイスシート　㊳実験

㊴独立変数　㊵従属変数　㊶フィールド実験

㊷実験室実験　㊸アイトラッキング調査

▶Step問題 　　　　　　　　　　　　　p.29

❶ (1)オ　(2)エ　(3)ア　(4)ウ　(5)イ

❷ (2)→(4)→(1)→(5)→(3)

❸ (1)B　(2)A　(3)A　(4)B　(5)A

❹ (1)損益計算書，貸借対照表など
　(2)営業情報，苦情情報など
　(3)新聞，雑誌など
　(4)業界誌，専門書など
　(5)検索エンジン

❺ (1)○　(2)フォーカス・グループ・インタビュー
　(3)○　(4)独立変数　(5)内部資料

❻ 例視線の動きは本音を表していることが多く，
　その視線の動きを数値化できる眼鏡を使用す
　ることで定量的な分析ができるから。

❼ (1)定性調査　(2)定量調査　(3)インタビュー法
　(4)アンケート　(5)報告書の作成

❽

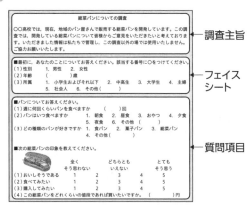

❽ 例調査主旨…調査の目的，主体者，処理方法な
　どを明記したアンケートの表紙。

フェイスシート…回答者の属性を把握するた
めに個人情報を記入してもらう欄。

質問項目…収集したい情報について，さまざ
まな尺度を用いて質問する欄。

み取れているか。

2章 商品の企画
3節 商品コンセプトの策定

● 要点整理 p.32

①商品コンセプト　②ターゲット　③ベネフィット

④シーン　⑤マーケット・イン

⑥プロダクト・アウト　⑦ブレーンストーミング

⑧自由奔放　⑨批判禁止　⑩質より量　⑪結合発展

⑫水平思考　⑬代用　⑭結合　⑮応用

⑯修正(拡大，改良)　⑰転用　⑱削除(削減)

⑲逆転(再編集)　⑳KJ法　㉑付箋　㉒グループ

㉓タイトル　㉔ポジショニング・マップ　㉕類似点

㉖相違点　㉗要素　㉘実現可能性

㉙アイディア・スクリーニング

㉚コンセプトテスト

▶ Step問題 p.33

❶　(1)エ　(2)ウ　(3)オ　(4)イ　(5)ア

❷　(1)イ　(2)エ　(3)ウ　(4)ア　(5)オ

❸　(1)カ　(2)エ　(3)イ　(4)キ　(5)ア

❹　(1)エ　(2)ウ　(3)ア　(4)オ　(5)イ

2章 商品の企画
4節 商品企画の提案

● 要点整理 p.35

①商品企画書　②商品アイディア　③商品名

④ターゲット　⑤ベネフィット　⑥シーン(④〜⑥
は順不同)　⑦キャッチコピー　⑧他社商品

⑨商品開発の意思決定　⑩プレゼンテーション

⑪理解　⑫時間　⑬熱意　⑭アイコンタクト

⑮ジェスチャー

▶ Step問題 p.35

❶　(1)C　(2)B　(3)B　(4)C　(5)A

◆ 探究問題 2 p.36

【解答例】　　●参照：p.36/1 環境分析と意思決定の準備

❶ あなたの住んでいる地域の特産品について書き出してみよう。

> 例　農作物(コメ，野菜，果物)，海産物(天然，養殖の魚
> 介類，海藻類)，伝統工芸品など

❷ ①であげた特産品の新商品を考えると仮定し，マクロ環境の分析であるPEST分析を行い商品開発に影響を与える要因を考えてみよう。

> 例　政治的要因…地元の自治体が地域振興券を発行して
> いる。
> 　　経済的要因…外食の機会が減り，可処分所得が増え
> ている。
> 　　社会的要因…地産地消を推奨するライフスタイルが
> 評価されている。
> 　　技術的要因 …これまで採算が厳しかった，人工栽培
> や養殖の技術が安定してきた。

❸ 新商品開発に協力してくれそうな地域の企業を調査し，書き出してみよう。また，その企業についてミクロ環境を3C分析で考えてみよう。

> 例　協力企業…○○株式会社
> 　　顧客…ファミリー層を中心とする地域住民
> 　　自社…地産地消に積極的な地元密着企業
> 　　競合企業…△△株式会社，株式会社□□

❹ SWOT分析を行い，得られた情報を整理して商品開発の方針について考えてみよう。

	プラス要因	マイナス要因
内部環境	協力企業は新商品開発に積極的	ファミリー層への訴求力が弱い
外部環境	地産地消が推奨されている	外食の機会が減っている

■ 解答のポイント

❶ □第一次産業，第二次産業の中から，地域の特産品を見つけることができたか。

❷ □マクロ環境の分析は新聞，書籍，インターネットなどの外部資料を活用できたか。
　□影響を与える要因がPEST分析のどの要因にあたるのか，適切に分析されているか。

❸ □自分が利用したことのある企業を考えて，書き出すことができたか。
　□検索エンジンなどを活用して，3C分析が行えたか。

❹ □収集した情報をSWOT分析の枠組みに当てはめられたか。

■ 重要用語の確認 2 p.37

(1)環境分析　(2)マクロ環境　(3)ミクロ環境

(4)コンプライアンス(法令遵守)　(5)企業理念

(6)ミッション　(7)ターゲット・マーケティング

(8)市場調査　(9)定性調査　⑽定量調査

⑾商品コンセプト　⑿ターゲット　⒀ベネフィット

⒁シーン　⒂ブレーンストーミング　⒃水平思考

⒄ポジショニング・マップ　⒅コンセプトテスト

⒆商品企画書　⒇プレゼンテーション

㉑アイコンタクト　㉒ジェスチャー

●要点整理 p.38

①事業計画 ②投資 ③経営陣 ④金融機関
⑤生産計画 ⑥商品計画 ⑦価格計画 ⑧流通計画
⑨プロモーション計画(⑦〜⑨は順不同) ⑩4P
⑪財務計画 ⑫資金調達計画

▶Step問題 p.38

❶ (1)**エ** (2)**イ** (3)**オ** (4)**ウ** (5)**ア**

●要点整理 p.39

①下限価格 ②上限価格 ③固定費 ④変動費
⑤製造原価 ⑥原価積み上げ法 ⑦販売見込み数量
⑧顧客価値 ⑨競合企業 ⑩差別化
⑪ライニング価格 ⑫価格帯 ⑬キャプティブ価格
⑭バンドリング価格 ⑮上澄吸収価格政策
⑯スキミング価格 ⑰需要の価格弾力性
⑱市場浸透価格政策 ⑲ペネトレーション価格
⑳市場シェア

▶Step問題 p.40

❶ (1)**ウ** (2)**イ** (3)**エ** (4)**オ** (5)**ア**

❷ (1)ライニング価格 (2)○ (3)需要 (4)○
(5)端数価格

❸ (1)A (2)B (3)B (4)B (5)A

❹ (1)**例**電動歯ブラシと交換用歯ブラシ, 髭剃りの
ホルダーと替え刃。
(2)**例**パソコンとセットで販売する, ウィルス対
策ソフトやゲームソフト。

■解答のポイント

□教科書の本文と事例から, 具体的な商品の記
述を抜き出せているか。
□教科書の本文から, 具体的な商品の記述を抜
き出せているか。

●要点整理 p.42

①流通チャネル(流通経路) ②製造小売業
③商流 ④所有権 ⑤物流 ⑥情報流
⑦開放的チャネル政策(一般的チャネル政策)
⑧選択的チャネル政策(制限的チャネル政策)
⑨排他的チャネル政策 ⑩直営店 ⑪特約店

⑫流通系列化

▶Step問題 p.43

❶ (1)C (2)B (3)A (4)B (5)C

❷ (1)**オ** (2)**イ** (3)**エ** (4)**ウ** (5)**ア**

❸ **例**他社に依存した多段階の流通チャネルを省略
することで制約が少なくなり, 取引コストを
削減し, 圧倒的な低価格で販売できる。

■解答のポイント

□自前ですべての段階を行うため, 他社の依存
による制約が少なくなることを記述している
か。
□アパレル企業の名称を具体的に示し, その企
業の強みと, 社外に向けた機会を記述しても
よい。

●要点整理 p.44

①メディア ②セールス・プロモーション
③販売促進 ④販売員活動(人的販売) ⑤広報
⑥プレスリリース ⑦パブリシティ
⑧プロモーション・ミックス ⑨プッシュ戦略
⑩プル戦略 ⑪表現コンセプト ⑫表現要素

▶Step問題 p.45

❶ (1)プロモーション・ミックス
(2)セールス・プロモーション (3)○ (4)○
(5)プル戦略

❷ (1)**イ** (2)**オ** (3)**ア** (4)**エ** (5)**ウ**

❸ **例**利用者の個人情報を使うことで, 広告対象を
細かく設定でき, 「いいね!」機能による双方
向性があり, 共有機能による拡散の可能性が
ある。

■解答のポイント

□「広告対象を絞れること」,「双方向性があり
反応を知り得ること」,「共有機能でシェアさ
れること」により不特定多数に広告が拡散で
きることなどを記述しているか。
□SNSのデメリットや, 使用にあたって留意し
なければならない点にも考えられるとよい。

3章　事業計画の立案
5節　事業計画書の作成

● 要点整理 p.46

①生産計画　②マーケティング・ミックス

③経営陣　④融資　⑤書式　⑥市場規模

⑦普及率　⑧耐用年数　⑨販売量推計

⑩生産計画　⑪仕入計画　⑫開発・生産計画

⑬人員・組織計画　⑭価格計画

⑮プロモーション計画　⑯財務計画　⑰収支計画

⑱損益分岐点分析　⑲必要資金・資金調達の計画

⑳リスク　㉑プレゼンテーション

㉒フィードバック　㉓生産能力

▶ Step問題 p.48

❶　(1)**イ**　(2)**ア**　(3)**ウ**　(4)**オ**　(5)**エ**

❷　(1)**オ**　(2)**ウ**　(3)**エ**　(4)**ア**　(5)**イ**

❸　(1)B　(2)B　(3)A　(4)A　(5)A

❹　(1) 4 千万世帯 ÷ 8 年 = 500万個

　　(2)30万個 ÷ 0.1 = 300万個

■ 解答のポイント

□答えだけでなく，求める式も記述しているか。

❺　**例**事例Ａは500万円 ÷（ 4 万円 − 2 万円）= 250
個，事例Ｂは450万円 ÷（ 5 万円 − 3.5万円）
= 300個なので，事例Ａの方が利益に転じる
販売個数は少ない。

■ 解答のポイント

□事例Ａ，事例Ｂともに式が示された上で，結
論を記述しているか。

◆ 探究問題 3 p.50

【解答例】●参照：p.71/2 価格計画・p.75/3 流通計画・p.79/4 プロモーション計画

❶ 話題になっているアニメの登場人物を題材にしたスナック菓子を開発した場合，あな
たはどのような価格政策をとるかを書き出してみよう。

　例　消費者が広く購入できるよう，市場浸透価格政策を
　採用する。

❷ 上記の新商品で間接流通を採用する場合，あなたはどのような流通チャネル政策をと
るかを書き出してみよう。

　例　流通業を限定しない開放的チャネル政策を採用する。

❸ 上記の新商品をプロモーションする場合，あなたはどのような手法を組み合わせるか
を書き出してみよう。

　例　アニメの放送時間帯にテレビCMをする，アニメ雑誌
　に掲載する，POP広告を作成する，若年層に向けて
　SNSで発信するなど。

❹ 上記の新商品には，今後どのようなリスクがあるかを書き出してみよう。

　例　社内的にはどのくらい売り上げと利益を見込めるか
　わからない。社外的にはアニメに対する流行の変化，
　商品としての陳腐化など，飽きられてしまうことへの
　不安や，新たなアニメの出現，景気変動などがある。

■ 解答のポイント

❶□最寄品なので，消費者が広く購入できるよ
う，低価格による市場浸透価格政策を採用
するのが一般的であるが，希少価値（レア
感）を高めることを目論んで，高い価格を
設定することも間違いではない。

❷□流通業を限定しない開放的チャネル政策が
一般的である。ただし，希少価値（レア感）
を高めることを目論んで，選択的チャネル
政策を採用することも間違いではない。

❸□何が正解ということはないので，広告，セー
ルス・プロモーション，販売員活動，広報
などについて触れられていればよい。ただ
し，効果的なプロモーションを実現したい
ので，ターゲットに直接に訴えかけるなど
の繋がりを感じる記述がほしい。

❹□社内，社外を取り巻くさまざまなリスクに
ついての記述がほしい。

■ 重要用語の確認 3 p.51

(1)生産計画　(2)上限価格

(3)コストに基づく価格設定　(4)ライニング価格

(5)キャプティブ価格　(6)バンドリング価格

(7)上澄吸収価格政策　(8)市場浸透価格政策

(9)流通チャネル（流通経路）

(10)製造小売業（SPA）　(11)物流

(12)選択的チャネル政策　(13)排他的チャネル政策

(14)プロモーション・ミックス　(15)パブリシティ

(16)プッシュ戦略　(17)収支計画　(18)損益分岐点

4章　商品の開発
1節　商品仕様と詳細設計

● 要点整理 p.52

①ターゲット　②ベネフィット　③シーン

④商品仕様　⑤消費者ニーズ　⑥生産管理部門

⑦部品　⑧製法　⑨長期（間）　⑩短期（間）

⑪マニュアル　⑫ゲーム

▶ Step問題 p.53

❶　(1)**ウ**　(2)**イ**　(3)**ア**　(4)**オ**　(5)**エ**

② (1)エ (2)オ (3)ウ (4)イ (5)ア

③ 例商品仕様の項目の設定は子ども向け携帯電話の場合はディスプレイのサイズ，表示方式，解像度などのように，商品の構成要素ごとの数値目標を設定したものであるのに対し，詳細設計では商品仕様の各項目を実際に製造できるようにまとめたものである。

■解答のポイント
□商品仕様の項目の設定がされた後に詳細設計をまとめることが区別して記述されているか。

4章　商品の開発
2節　プロトタイプ

●要点整理　p.54

①試作品　②ラピッドプロトタイプ　③アイディア
④研究開発部門　⑤設計試作　⑥生産試作
⑦生産方法　⑧パイロットプラント
⑨クレイモデル　⑩ラフモデル　⑪モックアップ
⑫ワーキングモデル　⑬アクティングアウト
⑭パンフレット　⑮ペーパープロトタイピング
⑯MVP　⑰品質水準　⑱C／Pテスト
⑲味覚テスト　⑳機能テスト　㉑社内テスト
㉒消費者テスト
㉓市場テスト（テスト・マーケティング）
㉔ホームユーステスト　㉕定性調査　㉖定量調査
㉗市場導入

▶Step問題　p.56

① (1)クレイモデル　(2)ワーキングモデル　(3)○
　　(4)○　(5)ペーパープロトタイピング

② (1)A　(2)B　(3)B　(4)A　(5)A

③ (1)ア　(2)エ　(3)オ　(4)イ　(5)ウ

④ (1)ウ　(2)ア　(3)エ　(4)イ　(5)オ

⑤ 社内テスト→消費者テスト→市場テスト

■解答のポイント
□社内テスト，消費者テスト，市場テストという用語を押さえるのみならず，段階を踏むごとに調査対象の範囲が広がっていくことを確認する。

4章　商品の開発
3節　商品とデザイン

●要点整理　p.58

①機能的価値　②情緒的価値　③基本価値

④便宜価値　⑤感覚価値　⑥観念価値
⑦コンタクト・ポイント　⑧タッチ・ポイント
（⑦⑧は順不同）
⑨ブランド・コミュニケーション
⑩商品コンセプト　⑪イノベーション
⑫デザイン要素　⑬審美性　⑭継続性　⑮先進性
⑯快楽性　⑰機能性　⑱操作性　⑲独自性
⑳インダストリアルデザイン
㉑プロダクトデザイン　㉒パッケージデザイン
㉓キャラクター　㉔ゲームデザイン
㉕パンフレット　㉖グラフィックデザイン
㉗ロゴデザイン　㉘Webデザイン
㉙建築デザイン　㉚意匠設計　㉛構造設計
㉜設備設計　㉝インテリアデザイン
㉞ショーウィンドウ　㉟ディスプレイデザイン
㊱アフォーダンス　㊲ユニバーサルデザイン
㊳アクセシブルデザイン　㊴有形財　㊵５Ｗ１Ｈ
㊶版面　㊷マージン　㊸グリッド　㊹レイアウト
㊺ジャンプ率　㊻彩度　㊼明度　㊽色相環　㊾配色
㊿トリミング　51書体
52ユニバーサルデザインフォント（UDフォント）
53保護　54紙　55金属缶　56ガラスびん
57プラスチック　58キャラメル箱
59ピローケース　60三方袋　61材質
62チラシ　63リーフレット　64POP広告
65キービジュアル　66キャッチコピー
67ボディコピー　68インフォメーション

▶Step問題　p.63

① (1)オ　(2)エ　(3)イ　(4)ア　(5)ウ

② (1)イ　(2)ア　(3)オ　(4)ウ　(5)エ

③ (1)ウ　(2)ア　(3)オ　(4)エ　(5)イ

④ (1)○　(2)商品に関わるデザイン分野　(3)○
　　(4)ゲームデザイン　(5)パッケージデザイン

⑤ (1)エ　(2)ア　(3)ウ　(4)オ　(5)イ

⑥ (1)ウ　(2)エ　(3)オ　(4)ア　(5)イ

⑦ (1)例手の力が弱い人に，注ぎやすい持ち位置を分かりやすく伝えられる。
　　(2)例視覚に障害がある人に，聴覚で情報を伝えられる。

■解答のポイント
□教科書見返し④の本文から，どのような人に役立っているかを抜き出せているか。

⑧ (1)イ　(2)エ　(3)ウ　(4)ア　(5)オ

⑨ (1)彩度　(2)○　(3)同系色　(4)○　(5)四方裁落し

⑩ (1)エ　(2)オ　(3)ア　(4)イ　(5)ウ

⑪ (1)イ　(2)ア　(3)エ　(4)オ　(5)ウ

⑫ **例**・商品そのものを保護する。

　　　・効率よく輸送する。

　　　・陳列しやすくする。

　　　・商品価値を伝える。

■ **解答のポイント**

□教科書の本文から答えを抜き出すだけでなく，教科書のショートケーキのイラストを観察することで，一つひとつのパッケージデザインの役割をイメージするとよい。

4章　商品の開発

4節　ブランド

◆ **要点整理**　　　　　　　　　　　p.68

①家畜　②焼き印　③識別機能

④信用保証機能　⑤ロイヤルティ　⑥差別化機能

⑦ブランド資産　⑧ブランド認知　⑨ブランド連想

⑩ブランド・イメージ　⑪知覚品質　⑫記憶可能性

⑬意味性　⑭移転可能性　⑮適合可能性

⑯防御可能性　⑰ネーム　⑱視覚的側面

⑲意味的側面　⑳聴覚的側面　㉑ロゴ

㉒ワード・マーク　㉓シンボル・マーク

㉔商品ロゴ　㉕企業ロゴ　㉖キャラクター

㉗既存キャラクター　㉘パッケージ

㉙ライフサイクル　㉚導入期　㉛リニューアル

㉜カントリー・オブ・オリジン

㉝成分ブランディング

▶ **Step問題**　　　　　　　　　　p.70

① (1)識別機能　(2)○　(3)○　(4)ブランド認知
　(5)知覚品質

② (1)ウ　(2)エ　(3)イ　(4)ア　(5)オ

③ (1)エ　(2)ア　(3)オ　(4)ウ　(5)イ

④ **例**品質や技術力を連想させる。

■ **解答のポイント**

□勤勉性，安全，アニメ，ゲーム，侍，忍者，和食，着物，おもてなし，桜，富士山，歌舞伎，相撲，東京，京都など日本を連想させるものは解答例以外にもあるので，協働して答えを導きたい。

4章　商品の開発

5節　知的財産権の登録

◆ **要点整理**　　　　　　　　　　　p.72

①知的財産権　②産業財産権　③文化庁

④特許権　⑤発明　⑥1年6か月　⑦3年

⑧20年　⑨新規性　⑩進歩性　⑪先願

⑫公序良俗　⑬実用新案権　⑭10年　⑮物

⑯無審査主義　⑰実用新案技術評価書　⑱意匠権

⑲25年　⑳部分意匠　㉑組物の意匠　㉒本意匠

㉓関連意匠　㉔商標権　㉕更新　㉖立体商標

㉗識別力　㉘著作権　㉙70年　㉚無方式主義

㉛著作権登録制度　㉜不正競争防止法

㉝ライセンス契約　㉞ロイヤリティ

㉟クロスライセンス契約　㊱TLO　㊲産学連携

▶ **Step問題**　　　　　　　　　　p.74

① (1)オ　(2)ア　(3)エ　(4)ウ　(5)イ

② (1)エ　(2)オ　(3)ウ　(4)イ　(5)ア

③ (1)A　(2)A　(3)B　(4)A　(5)B

④ (1)関連意匠　(2)○　(3)無方式主義
　(4)○　(5)立体商標

⑤ (1)イ　(2)エ　(3)ウ　(4)オ　(5)ア

⑥ **例**成立要件を満たしているか(特許権としてふさわしいか)，慎重に審査する必要があるため。

■ **解答のポイント**

□特許権の申請件数が多く，審査の対象が世界に及ぶことを記述してもよい。

◆ **探究問題　4**　　　　　　　　　p.76

【**解答例**】　●参照：p.98/1商品仕様と詳細設計・p102/2プロトタイプ

① 一つのターミナル駅に限定して販売する予定で，「動物をかたどったみやげ品のスイーツ」を開発することになった。あなたはどのような商品コンセプトにするか，ターゲット，ベネフィット，シーンに分けて書き出してみよう。

例　ターゲットは出張先でみやげ品を探すサラリーマン，ベネフィットは動物(例えばひよこ)の外観のかわいさ，ほのぼのさ，シーンは家族と団らんしながらの夕食後のデザート。

② 上記の新商品の仕様に盛り込む項目には，どのようなものがあるか書き出してみよう。

例　原材料，レシピ，外形寸法や質量など。

③ 上記の新商品のプロトタイプを作成する場合，どのような目的でどのような種類のものを選ぶか書き出してみよう。

例　商品コンセプトが実現できているか，効率的な生産ができるかを目的に設計試作や生産試作をする。

④上記の新商品では，どのようなテストや調査をすると良いか書き出してみよう。

> 例　商品開発に携わっていない社員を対象に，ホームユーステストを実施する。また，商品コンセプトを実現しているか，インタビューやアンケートを通じて定性調査，定量調査を実施する。

■解答のポイント

❶□当地を訪れた出張などの旅行者のみやげ品を想定しているが，地元の人にも親しんでもらえるスイーツを商品コンセプトに据えてもよい。

❷□動物(例えばひよこ)をイメージしたスイーツであれば，原材料なら小麦粉，卵，牛乳，グラニュー糖，ゼラチン，カカオマスなど，レシピなら型に入れてプリンを焼く→ババロアを炊く→この部分を胴体にし，型に流し込む→型抜きしたら，粉末状にしたスポンジ生地をまぶす→チョコレートのくちばし，目を付けて仕上げるなど，規格なら大きさや重さ)など，詳細を示せると具体的にイメージしやすいのでなお良い。

❸□いわゆる非耐久消費財で行われるプロトタイプが示されていればよい。

❹□社内テストのほかに，購入の対象となるような消費者を対象に消費者テストを実施しても良い。

■重要用語の確認　4　　　　　　　　p.77

(1)商品仕様　(2)コンテンツ　(3)設計試作
(4)パイロットプラント　(5)アクティングアウト
(6)C／Pテスト　(7)ホームユーステスト
(8)市場導入　(9)情緒的価値
(10)コンタクト・ポイント
(11)インダストリアルデザイン
(12)グラフィックデザイン　(13)アフォーダンス
(14)ユニバーサルデザイン　(15)知覚品質
(16)カントリー・オブ・オリジン　(17)産業財産権
(18)技術移転機関(TLO)

5章　商品の販売
1節　販売員活動

●要点整理　　　　　　　　　　　p.78

①販売員活動　②BtoB　③BtoC　④直接流通
⑤間接流通　⑥営業　⑦プッシュ戦略　⑧競合企業
⑨見込み客　⑩交渉相手　⑪外見　⑫商品の説明

⑬顧客ニーズ　⑭契約　⑮顧客の満足
⑯行動重視型　⑰課題　⑱ニーズ(⑰⑱は順不同)
⑲商品情報の説明　⑳アドバイス(⑲⑳は順不同)
㉑双方向的　㉒商品知識　㉓顧客ニーズ
㉔ホスピタリティ　㉕購買意思決定過程　㉖注意
㉗興味　㉘欲求　㉙行動　㉚AIDAモデル
㉛顧客満足　㉜真実の瞬間　㉝従業員満足(ES)
㉞サービス・プロフィット・チェーン
㉟エクスターナル・マーケティング
㊱インターナル・マーケティング
㊲インタラクティブ・マーケティング

▶Step問題　　　　　　　　　　p.80

❶　(1)ウ　(2)イ　(3)オ　(4)ア　(5)エ
❷　(1)双方向的　(2)○　(3)信頼関係
　　(4)趣味や好み　(5)ドア・イン・ザ・フェイス
❸　(1)ア　(2)エ　(3)ウ　(4)オ　(5)イ
❹　例検索…特定商品について，店頭やインターネットを活用して調べたり，既に購入している友人から情報を聞いたりする。
　　例共有…購入した商品を，家族やクラスメイトに披露したり，写真などをソーシャル・メディアに掲載したりする。

■解答のポイント

□特定商品を購入する行動の前にどんな情報を得たいのか，その情報を得るために何をするのかを考えるとよい。

□インターネットの普及に伴い，検索，共有が容易になったことで，企業も消費者も情報発信の方法が変化していることを理解しているか。

❺　例エクスターナル・マーケティング…
　　テレビや新聞，インターネットでの広告のように，企業から顧客に対して行われるマーケティング活動。
　　例インターナル・マーケティング…
　　家賃補助や特別な休暇制度など，従業員満足を高めるための，企業内部の従業員に対するマーケティング活動。
　　例インタラクティブ・マーケティング…
　　デパートやスーパーマーケットでの試食販売などのように，従業員と顧客との間で双方向に行うマーケティング活動。

□三つのマーケティング活動は，それぞれ対象となるターゲットについて，どのようなニーズを満たしているのかに着目するとよい。それぞれのマーケティング活動について，誰が誰に対してどのような活動を行っているのかが記述されているか。

5章 商品の販売
2節 セールス・プロモーション

● 要点整理　　　　　　　　　　　　　p.82

①セールス・プロモーション　②値引き

③端数価格　④ロス・リーダー　⑤導入価格戦略

⑥キャッシュ・バック　⑦クーポン

⑧アローワンス　⑨サンプリング　⑩モニタリング

⑪プレミアム　⑫懸賞　⑬クローズド懸賞

⑭オープン懸賞　⑮景品表示法　⑯増量パック

⑰購買時点　⑱POP広告

⑲デモンストレーション

⑳動線　㉑非計画購買　㉒計画購買　㉓棚割

㉔比較購買　㉕商品アイテム　㉖クロス・セリング

㉗区画(ゾーン)　㉘ゴールデンゾーン

㉙フェイシング　㉚エンド　㉛特売　㉜ステージ

▶ Step問題　　　　　　　　　　　　p.84

❶ (1)A　(2)B　(3)A　(4)B　(5)A

❷ (1)○　(2)POP広告　(3)○　(4)プレミアム
(5)○

❸ (1)イ　(2)オ　(3)ア　(4)ウ　(5)エ

❹

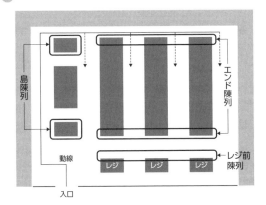

例エンド陳列…

動線上にある陳列棚の端で行われる陳列方法。

島陳列…

広いスペースに台やカゴを設置する陳列方法。

レジ前陳列…

レジ前で想起購買を働きかける陳列方法。

□言葉の意味を理解して，図示した位置と合わせて理解できているか。

□いずれの陳列方法も動線に沿って設置されていることを理解できているか。

⑤ 例同じ商品カテゴリー内の商品アイテムをグルーピングして陳列することで，商品を比較検討してもらう比較購買を促すことができるから。

□「比較購買」，「グルーピング」，「商品アイテム」の語が使われているか。

□実際の売り場を想定してみることで，グルーピングされていることが比較購買につながっていることを理解しやすくなる。

◆ 探究問題 5　　　　　　　　　　　p.86

【解答例】　●参照：p.150/1販売員活動・p.156/セールス・プロモーション

❶ あなたが最近購入した商品について，体験した販売員活動を書き出してみよう。

> 例　商品説明　レジでの会計　売り場整理
> 実演販売　試食販売　ギフトのラッピング
> 売り場の案内など

❷ ①の販売員活動が，あなたにとってAIDAモデルのどの段階に相当するのかを考えてみよう。

> 例　売り場整理：注意
> 実演販売：注意→興味
> 商品説明：興味→欲求
> 試食販売：興味→欲求
> レジでの会計：行動

❸ あなたが最近体験した非金銭的セールス・プロモーションについて書き出してみよう。

> 例　コーヒー専門店で新製品の試飲(サンプリング)をやっていた。
> スーパーマーケットで定番のポテトチップスが増量パックになっていた。
> 書店にて新刊を紹介している，店員さんの手書きのPOP広告を見かけた。

❹ ③で体験したセールス・プロモーションが，非計画購買につながっているのかについて考えてみよう。また，その非計画購買がどの種類に当てはまるのかについても考えてみよう。

> 例　コーヒー：自宅のコーヒー豆が残り少なくなっていたことを思い出して購入した(想起購買)。
> ポテトチップス：増量されているので，家族で食べるのに都合がよいと購入した(条件購買)。
> 新刊本：POP広告の内容に興味がわき，面白そうだったので購入した(衝動購買)。

❶□販売員活動を書き出すことができたか。

❷□AIDAモデルと照らし合わせて考えること
　ができたか。

❸□セールス・プロモーションが消費者の購買
　意欲を高める取り組みだと気付けたか。

　□自らの体験を振り返って書き出すことがで
　きたか。

❹□非計画購買とセールス・プロモーションと
　の関係について書き出すことができたか。

　□非計画購買の違いを分類して，当てはめる
　ことができたか。

■重要用語の確認 5　　　　　　　　　　p.87

(1)営業　(2)ホスピタリティ　(3)購買意思決定過程

(4)従業員満足(ES)

(5)インターナル・マーケティング

(6)インタラクティブ・マーケティング

(7)セールス・プロモーション　(8)ロス・リーダー

(9)導入価格戦略　(10)クーポン　(11)アローワンス

(12)サンプリング　(13)モニタリング　(14)プレミアム

(15)オピニオン・リーダー　(16)POP広告　(17)動線

(18)非計画購買　(19)棚割　(20)比較購買

(21)グルーピング　(22)ゾーニング　(23)フェイシング

(24)エンド陳列　(25)島陳列(アイランド陳列)

(26)ステージ陳列

6章	商品開発と流通に関わる新たな展開
1節	**商品開発の新たな展開**

●要点整理　　　　　　　　　　　　　p.88

①顧客参加型商品開発　②デザイン思考　③共感

④定義　⑤概念化　⑥テスト

⑦クラウドソーシング　⑧応募　⑨属性

⑩クラウドファンディング　⑪購入型　⑫寄付型

⑬予測　⑭クチコミ　⑮口頭　⑯非口頭

⑰利害関係　⑱ソーシャル・メディア

⑲ビッグデータ　⑳ICT　㉑ソフトウェア

㉒AI　㉓機械学習　㉔深層学習　㉕GIS

▶Step問題　　　　　　　　　　　　　p.90

❶　(1)エ　(2)イ　(3)ウ　(4)ア　(5)オ

❷　(1)A　(2)B　(3)B　(4)B　(5)A

❸　(1)オ　(2)エ　(3)ウ　(4)ア　(5)イ

❹　(1)オ　(2)ア　(3)イ　(4)エ　(5)ウ

❺　例発売前に売上の予測が可能(テスト・マーケ

ティングができる)，売上を早い段階から得ら
れる，支援者から改善のアドバイスがもら
える，新規顧客やファンを得られる，SNSな
どで話題にしてもらえる可能性があるなど。

□教科書に掲載されているメリット以外にもあ
　るので，協働して答えを導きたい。

6章	商品開発と流通に関わる新たな展開
2節	**流通の新たな展開**

●要点整理　　　　　　　　　　　　　p.92

①垂直的共同開発　②ナショナルブランド商品

③プライベートブランド商品

④ダイレクト・マーケティング

⑤ワン・トゥ・ワン・マーケティング

⑥レコメンデーション

▶Step問題　　　　　　　　　　　　　p.92

❶　(1)イ　(2)オ　(3)エ　(4)ア　(5)ウ

6章	商品開発と流通に関わる新たな展開
3節	**感覚を活かした商品開発・流通**

●要点整理　　　　　　　　　　　　　p.93

①感覚マーケティング　②滞在　③衝動買い

④高級感　⑤BGM　⑥手触り

▶Step問題　　　　　　　　　　　　　p.93

❶　(1)B　(2)A　(3)B　(4)A　(5)B

◆探究問題 6　　　　　　　　　　　　p.94

[解答例]　　　●参照：p.170/1 商品開発の新たな展開

❶ 顧客参加型商品開発を意識して，「世界各地で栽培されている，日本では珍しい果物の加工食品」で商品開発する際の問題点を書き出してみよう。

例・珍しい果物なので視覚，味覚，嗅覚が認知されていない。
　・珍しい果物を初めて食べるのに抵抗感がある。

❷ ①の新商品の問題点を絞り込み，特定化できるようにするためには，どのようなことが必要か書き出してみよう。

例　認知されていないので，ソーシャル・メディアを使って，果物に関する情報をクチコミで拡散する。

❸ ①の新商品の解決すべき課題に対し，新しい解決方法となるコンセプトやアイディアを書き出してみよう。

例・柔軟な発想と行動が取れる若者をターゲットに絞り込む。
　・日本人が好む味覚，嗅覚に加工する。
　・パッケージデザインを工夫し，斬新なものにする。

4 デザイン思考で考えた場合，①〜③の段階の次以降に行うことは何か書き出してみよう。

> **例**・試作（プロトタイプ）（アイディアを目に見える形で作ってみる。）
> ・テスト（ユーザーに評価・試用してもらうことで改善点を発見する。）

■**解答のポイント**

❶□例えば，飲料，アイスクリーム，菓子などの加工食品をイメージするとよい。

□日本では珍しい果物としては，マンゴスチン，ジャックフルーツ，ドリアン，シュガーアップルなどで検索するとよい。

❷□物珍しく，話題性のある新商品になる要素は持ち合わせているので，その他としてパブリシティに期待した情報発信に努めるのもよい。

❸□上記の解答以外では，「高級品として扱われている果物については，単価を下げるために規格外品を利用して加工する」といったことも考えられる。答えは一つではない。

❹□商品化に向けた動きが示されるとよい。

■**重要用語の確認 6**   p.95

(1)顧客参加型商品開発　(2)デザイン思考

(3)クラウドソーシング　(4)クラウドファンディング

(5)クチコミ　(6)ビッグデータ　(7)AI　(8)GIS

(9)垂直的共同開発

(10)ナショナルブランド商品（NB商品）

(11)プライベートブランド商品（PB商品）

(12)ダイレクト・マーケティング

(13)インターネットショッピング

(14)ワン・トゥ・ワン・マーケティング

(15)レコメンデーション　(16)個人情報保護法

(17)感覚マーケティング